KB272640

노래방/단란주점/숙박업

영업정지

처분 취소 의견진술
행정심판 행정소송 방법

편저 : 대한법률콘텐츠연구회
(콘텐츠 제공)

해설 · 최신서식

법문북스

머리말

식품위생법 위반은 식품의 안전과 위생을 확보하기 위해 정해진 규정을 어긴 행위를 말합니다. 식품위생법 위반에 따라 다양한 행정처분 및 형사처벌이 내려질 수 있습니다. 위반의 주요 행위에는 건강검진 미필, 위생모/마스크 미착용, 조리장 및 식품보관실 등 위생 불량, 조기도구 위생 불량, 소비기한 경과 식품 보관/사용, 식품 내 이물질(금속, 유리, 기생충 등), 남은 음식 재사용, 영업허가 없이 영업, 영업정지 기간 중 영업, 허가받은 업종과 타 업종 운영, 무허가 · 미신고 영업, 영업장변경 미신고, 식중독 발생 및 기준위반, 식품 내 세균 기준 위반입니다.

위생불량의 경우에 과태료 10만 원~150만 원, 반복 시 금액 증액 됩니다.

소비기한 경과 식품 사용의 경우에는 1차 영업정지 15일~1월, 3차까지 반복 시 최대 3개월 영업정지 처분이 됩니다. 식품에 이물질 혼합의 경우 시정명령~영업정지 2~20일 계단식 처분이 됩니다. 건강진단 미흡의 경우에 과태료 10~30만 원이 부과됩니다.

영업허가 없이 영업하거나, 영업정지 기간 중 영업의 경우 허가취소 · 폐쇄 됩니다. 식중독 발생의 경우 1차 영업정지 1월, 반복 시 최대 3개월 영업정지 및 허가취소 가능합니다.

위반은 부정식품, 불량식품, 유해식품 제조 · 유통뿐만 아니라 영업허가/신고/등록 미이행, 영업준수사항 위반 등까지 모두 포함합니다. 위반행위 유형에 따라 행정처분(과태료, 영업정지, 허가취소 등)과 함께 형사처벌(징역형, 벌금 등)이 부과될 수 있습니다. 양벌규정이 적용돼 법인의 경우 대표자뿐만 아니라 그 행위자도 함께 처벌받을 수 있습니다.

식품위생법 위반 즉시 시정 조치하면 과태료가 50% 감경되는 등, 처분 감경 규정이 일부 마련돼 시행되고 있습니다. 다시 말해서 식품위생법 위반행위의 위치, 횟수, 중대성, 재범 여부에 따라 처벌 수위가 달리 적용됩니다. 따라서 식품위생법 위반의 구체적 행위와 해당 처벌은 실제 작용 조문이나 세부 규정, 사안의 중대성에 따라 변동될 수 있으므로 사안별 판례와 세부 행정처분 기준을 함께 검토해야 합니다.

행정처분을 인정할 수 없는 경우 이의신청을 할 수 있습니다.

행정처분에 대한 이의신청은 처분을 받은 날로부터 30일(또는 최대 90일) 이내에 해당 행정청에 서면으로 신청하는 절차입니다. 이의신청서에는 신청인의 인적사항, 처분 내용과 처분을 받은 날짜, 이의신청 이유를 명확히 기재하여야 합니다.

이의신청서는 해당 행정처분을 한 행정기관(행정청)의 장에게 제출합니다.

이의신청을 제출할 기간은 일반적으로 처분 통지를 받은 날부터 30일 이내, 일부 법령에 따라 90일 이내 가능합니다. 이의신청서에는 이의신청인의 신상정보, 이의신청 대상 처분의 내용 및 날짜, 이의신청 이유가 포함된 문서로 하여야 합니다.

접수하는 방법은 팩스, 이메일, 우편, 방문 등의 행정청이 인정하는 방식으로 제출할 수 있습니다.

이의신청을 받은 행정청은 이의신청서 접수 후 10일 이내(부득이한 경우 최대 20일 이내) 결정하고 그 결과를 이의신청인에게 서면으로 통지해야 합니다. 처리결과에는 결정 이유와 불복 시 다음 절차(행정심판, 행정소송 등)에 관한 안내도 포함됩니다. 다시 말해서 이의신청은 행정심판이나 행정소송 제기에 앞서 절차적으로 행정처분의 적법성 등을 다시 재검토를 받을 수 있는 기회가 됩니다.

행정처분에 대해 이의신청을 하면 이후 행정심판이나 행정소송의 청구 기간이 연장되는 효과가 있어 실무상 권장되며, 법적구제 절차의 시작점이 될 수 있습니다.

식품위생법 위반 행위와 행정처분의 정확한 내용을 보다 명확히 파악하여 구체적인 이의신청 사유를 작성하는 것이 더 중요합니다. 다시 말해서 식품위생법 위반 등 행정처분에 불복 시 즉시 해당 행정청에 서면으로 이의신청서를 제출하고, 행정청의 결정 결과를 기다린 뒤 필요 시 추가 구제 절차(행정심판, 행정소송)로 진행하는 것이 일반적인 방법입니다.

식품위생법 위반 중에서 소비기한 경과 식품 보관 또는 사용하여 적발되면 1차 위반 시 15일~1개월, 3차 위반 시 최대 3개월 영업정지, 남은 음식 재사용으로 적발되면 1차 15일, 3차 3개월 영업정지, 식품 내 기생충, 금속, 유리 등 이물 혼입으로 적발되면 1차 2일~5일, 3차 10일~20일 영업정지, 건강진단 미필, 위생모 미착용 등 위생불량으로 적발되면 과태료 부과, 식중독 발생시 1차 1개월, 반복 시 최대 3개월 영업정지 및 허가취소 가능, 수입 금지 식품 무신고 수입이 적발되면 2개월~3개월 영업정지, 폐쇄 가능합니다.

영업정지 처분이 내려지면 그 영업정지 기간 동안 영업을 하지 않아야 합니다. 다시 말해 영업정지 기간 중에도 영업을 하다가 적발되면 허가취소나 폐쇄를 당할 수 있습니다. 영업정지 처분에 불복할 경우 행정처분 불복 절차로 이의신청이나 행정심판 또는 행정소송을 활용할 수 있습니다. 식품위생법 위반으로 영업정지 처분을 받은 경우 위반 내용과 횟수에 따른 처분 기간을 정확히 확인하고, 기간 내 준수를 철저히 해야 하며, 불복 시 적절한 절차를 밟는 것이 더 중요합니다.

위반행위가 고의성이 없거나 사소한 부주의에 한정되면 처분기간의 1/2 범위 내 감경 가능합니다.

다시 말해서 1년 이내 동일 위반 반복 시 처분 강화, 3개월 영업정지 후에도 재 위반 시 허가취소 또는 폐쇄 처분이 뒤따를 수 있습니다. 영업정지 명령을 위반한 경우 바로 영업폐쇄 처분이 될 수 있습니다. 행정처분 일을 기준으로 위반 횟수를 산정하며, 같은 날 중복 적발 시 한 건으로 봅니다. 이 기준은 식품위생법 시행규칙 및 행정처분 세부 기준에 명시된 사항으로, 구체적 위반 내용에 따라 처분 기간과 강도가 달라집니다. 영업정지 처분 후 불복 시 바로 이의신청(의견 진술)을 하거나 행정심판 또는 바로 행정 소송을 제기하여 법적 구제절차를 진행할 수 있습니다.

행정심판을 청구하려면 식품위생법 위반으로 영업정지의 처분을 받은 날로부터 90일 이내에 주소지 관할 구청·군청·시청에 행정심판청구서를 제출하여야 합니다. 행정 심판청구서에는 영업정지 처분의 내용, 청구취지 및 청구이유를 구체적으로 명시하고 행정처분의 부당성이나 위법성을 입증할 자료를 첨부해야 합니다. 행정심판 청구와 함께 집행정지 신청서도 같이 제출할 수 있으며, 인용되면 심판 결정 전까지 영업정지 처분의 집행이 정지되어 영업을 계속할 수 있습니다.

행정심판청구서에는 영업정지 처분이 위법 또는 부당하다는 점에 대한 법적·사실적 근거를 제출하여야 하는 데 다시 말해서 절차상 하자, 위반 사실 부존재 또는 경미성, 감경 사유 등을 구체적으로 설명하는 식으로 기재하여야 합니다. 감경 사유에는 단순 변명보다 객관적이고 신뢰할 수 있는 자료로 뒷받침되어야 효과적입니다. 감경을 신청 하려면 반성문 등은 심사 시 매우 중요한 판단 근거가 되므로 신중히 작성하는 것이 좋습니다. 다시 말해서 감경 여부는 위반 내용, 횟수, 제출 증빙과 반성 태도 등을 종 합적으로 고려합니다. 영업정지 처분에 대해 감경을 요청할 경우, 근거와 함께 실질적 인 증빙 자료를 잘 갖춰 행정심판청구서에 첨부해 제출하는 것이 더 중요합니다. 이렇 게 하면 처분 경감 가능성을 높일 수 있습니다.

감경사유에는 초범, 적극 시정, 생계곤란, 긴급 상황 등의 감경 사유에 관한 증빙자료 와 관련 증거 자료(사진, CCTV 영상, 계약서, 영수증, 진술서 등)를 구비하여 감경 사 유를 뒷받침하는 것이 더 좋습니다. 다시 말해 행정심판위원회가 심리를 진행한 후 행 정처분의 취소, 변경 또는 기각 등의 재결을 내리며, 재결은 청구인에게 통지됩니다. 감경 조치로 영업정지 기간이 단축되거나 과징금으로 변경되는 경우도 많은 편입니다.

집행정지 신청이 받아들여지지 않으면 영업정지 처분의 집행으로 인해 상당한 피해가 발생할 수가 있으므로 조기에 대응하는 것이 더 중요합니다. 다시 말해 행정심판 결과 에 불복할 경우에 행정소송을 제기할 수 있습니다. 식품위생법 위반 영업정지 처분에 대해 90일 이내 행정심판 청구서를 제출하고, 동시에 집행정지 신청을 통하여 처분의 집행 정지를 신청하며, 위법·부당 사유와 감경 사유에 대한 증빙 자료를 체계적으로 준비하는 것이 핵심입니다.

행정심판법 제32조 제3항, 행정소송법 제4조에 따르면 영업정지 처분에 대하여 과징 금 부과 처분으로 변경 신청이 가능하기 때문에 행정심판청구에서 영업정지 처분을 과 징금 부과 처분으로 변경을 청구할 수 있습니다. 다만 일부 법령이나 시행규칙별로 과 징금 대체가 제한되는 경우가 있기 때문에 대상 여부를 명확히 확인해야 합니다.

　사업장의 영업정지가 주변 주민 및 이용자에게 미치는 불편과 경제적 피해를 구체적으로 행정심판위원회에 설명하여야 합니다. 다시 말해서 과징금 대체의 필요성을 주장하여야 합니다. 위반 사실에 대한 진정성 있는 반성 및 신속한 시정 조치를 한 사실과, 초범이라는 사실, 재범이 아니라는 것과 생계곤란 등 감경 사유를 명확히 입증하고 증빙자료를 함께 제출하고 설득시켜야 합니다.

　매출액 등을 기준으로 산정된 과징금의 적정성을 분석하시고 산정기준과 금액이 합리적임을 강조하여야 합니다. 영업정지에 따른 사업 중단 손실과 비교하여, 과징금 부과가 사업자의 영업 지속과 이용자 편익 유지에 유리하다는 점을 설득력 있게 설명하여야 가능합니다.

　영업정지 처분을 받은 경우에 2024. 4. 19.부터 시행된 식품위생법 시행규칙 개정에 따라서 영업정지 처분은 일정 조건하에 '과징금' 으로 대체할 수 있게 되었습니다. 영업정지 처분을 과징금으로 변경을 신청하는 방법은 1차 미성년자에게 주류 판매 위반 시 기존에는 영업정지 2개월 처분이었으나, 개정 후 7일로 단축되고 영업정지 대신 과징금 처분으로 전환할 수 있습니다. 과징금으로 전환 받으려면 해당 영업정지 처분을 받은 후 관할관청 구청 · 시청 · 군청에 과징금 전환 신청을 하여야 합니다. 과징금 전환 신청서와 함께 정당한 사유(예를 들어서 신분증 확인 철저, 우발적 위반 등)를 제출하는 것이 훨씬 더 유리합니다.

　행정처분을 받은 후에 행정심판 청구 시점에도 과징금 전환을 함께 요청할 수 있으며, 행정심판 과정에서 과징금 전환 결정이 내려질 수도 있습니다. 그러나 3차 이상 위반을 하거나 과징금을 체납 중일 경우에는 과징금 전환 신청이 불가하며, 영업정지 처분이 그대로 적용됩니다. 불성실한 신분증 확인 등 고의 · 반복 위반은 과징금 전환 대상에서 제외되므로 주의하셔야 합니다.

　영업정지 대신 과징금으로 변경하면 영업 중단 없이 계속 운영할 수 있기 때문에 일반음식점을 운영하시는 소상공인의 부담이 크게 줄어듭니다. 다시 말해서 3차 이상 위반을 하거나 과징금을 체납 중일 경우에는 과징금 전환 신청이 제외됩니다.

  과징금은 주로 일반음식점 사업주의 전년도 1년간 총 매출액을 기준으로 산정합니다. 신규 사업이거나 휴업 등으로 전년도 매출액 산정이 어렵다면 분기별, 월별, 일별 매출액을 연간 총 매출액으로 환산하여 산정합니다. 1일당 과징금 금액은 해당 연간 매출액 구간별로 법령에 정해진 기준 금액(예를 들어 16만 원, 23만 원 등)을 곱해 산출합니다. 총 과징금 산정은 1일당 과징금 금액에 영업정지 처분 일수를 곱해 계산합니다. 다시 말해 연간 매출액 1억 2천만 원이고, 영업정지 30일인 경우에 1일당 과징금 16만 원×30일=480만 원이 됩니다.

  영업정지 처분의 행정심판 결과에 불복하는 경우, 처분 사실을 알게 된 날부터 90일 이내에 행정소송을 제기할 수가 있습니다. 행정소송은 법원에서 처분의 위법성 여부를 최종 판단하는 절차로, 더 강력한 법적 구제를 받을 수 있습니다. 다만, 행정소송 중에도 행정처분의 효력이 자동 중단되지 않으므로 별도의 집행정지 신청이 필요합니다.

  따라서 영업정지 처분 구제는 행정처분 확인 ▷행정심판 청구 및 집행정지 신청 ▷필요시에 행정소송 제기로 이어지는 절차를 따르며, 특히 청구 기한 준수와 증거 자료 준비, 집행정지 신청이 필수적입니다.

  우리 법문북스에서는 본서만 가지고도 얼마든지 영업정지 처분을 받았을 때 구제받을 수 있는 기본 정보는 물론이고 혼자서도 충분히 원하시는 구제방법으로 의견진술서(이의신청서), 행정심판청구서, 집행정지신청서, 행정소송 소장을 작성해 직접 처리할 수 있도록 만전을 기하였기 때문에 법적으로 철저히 대비하고, 즉각적으로 구제받을 수 있으므로 법을 잘 알지 못하더라도 실제 있었던 사례를 중심으로 자세히 분석하고 이에 알맞은 처리방법을 수록한 실무지침서를 적극 권장하고 싶습니다.

- 법문북스 -

차례

제8장 영업정지 처분 의견진술서, 행정심판청구서, 집행정지신청서, 행정소송 소장 최신서식 ···································· 78

제1장 영업정지 처분 구제 행정심판 행정소송

제1절 영업정지 처분

　영업정지 처분은 정부나 행정기관이 사업자가 법을 위반했을 때 일정기간 동안 영업을 중단하도록 명령하는 행정처분을 말합니다. 다시 말해 '당분간 영업을 하지 말라' 는 취지의 행정 명령입니다. 영업정지는 주로 법 위반이나 허가 조건 위반 등으로 발생합니다. 특히 위생 규정 위반, 불법 영업 행위, 허가조건 미준수등이 대표적인 사유입니다. 영업정지는 사업에 큰 영향을 주기 때문에 처분이유를 명확히 파악하고 필요하다면 구제절차 다시 말해서 행정심판 또는 행정소송을 통하여 적극적으로 대응하여야 합니다.

　따라서 영업정지는 영업자의 위반행위에 따라 행정청이 일정기간 내에 영업 전부 또는 일부를 정지시키는 행정제재로 정지기간과 범위는 행정청 재량에 따라 다를 수 있고 위반의 경중과 동기, 정상 사정에 따라 감경이나 가중될 수 있습니다. 다시 말해 미성년자에 대한 주류 판매 적발 1회에 2개월, 2회에 3개월 영업정지 3회 적발 시 영업장 폐쇄까지 이뤄질 수 있습니다. 그러므로 영업정지는 사업자가 법이나 허가 조건을 위법했을 때에 행정관청이 일정 기간 영업을 못하도록 하는 행정처분으로 사업 지속에 중대한 영향을 미치므로 위법성이 있다고 판단되면 행정심판이나 행정소송을 통해 취소나 변경을 구할 수 있습니다.

제2절 구제방법

1. 이의신청

　이의신청은 영업정지 처분을 내린 행정청에 대해 처분에 불복한다는 의사를 공식적으로 표명하는 절차입니다. 다시 말해 이의신청은 비교적 간단하고 신속한 대응 수단이므로 권리를 놓치지 않게 매우 중요하며 영업정지 처분 통지서를 받은 날부터 30일(1개월) 이내에 해야 합니다. 이의신청은 반드시 서면으로 하여야 하며, 이의신청서에는 이의신청인의 인적사항(이름, 주소, 주민등록번호 등)과 처분 내용 및 위법 또는 부당성에 대한 구체적인 이유를 명시해야 합니다.

처분기관(행정청)외에 피청구인이 여러 군데일 경우 각 기관에 대해 부본을 함께 제출하여야 합니다. 한편 이의신청서에는 처분이 위법 또는 부당성을 입증할 수 있는 객관적인 증거자료도 함께 제출하는 것이 더 좋습니다. 영업정치 처분에 대한 이의신청서가 행정청에 접수되면 행정청 내부에서 다시 영업정지 처분을 검토합니다. 그러나 이의신청이 받아들여지지 않으면 처분은 그대로 확정되며, 집행정지 등의 효력 정지 효과는 자동으로 발생을 하지 않습니다.

이의신청서에는 논리적 · 구체적으로 작성해야 하며, 각 항목별로 요구되는 내용을 하나도 빠짐없이 기재하여야 합니다. 이의신청에는 신청인의 이름, 주소, 연락처, 이메일을 정확하게 작성합니다. 영업정지 처분을 내린 그 행정청의 명칭과 처분 통지번호를 기재하여야 합니다. 통지받은 날짜, 처분명, 처분번호, 영정정지 사유와 기간 등을 상세히 기재하여야 합니다. 영업정지의 처분취소, 변경 등 명확한 요청 사항을 구체적으로 기재하여야 합니다(예컨대 '연월일 ○○구청장의 영업정지처분을 취소해 주시기 바랍니다' 라고 기재하시면 됩니다.

법적 · 사실적 근거를 중심으로 하여 감정적 표현 없이 논리적으로 작성하여야 합니다. 다시 말해 관련 법조, 판례, 구체적인 사실관계, 증거자료(공문, 진단서, 계약서 등)를 함께 이유를 제시하면 설득력이 높아집니다. 첨부서류에는 이의신청서만 읽고도 쉽게 재검토를 할 수 있도록 처분통지서, 영업허가증, 증빙자료(사진, 진단서, 계약서 등) 기타 행정문서 등을 첨부하여야 합니다. 아의신청서를 작성한 날짜와 신청인의 이름과 서명 또는 인감 날인을 반드시 포함합니다.

이의신청서에 기재할 핵심 내용은 "신청인은 영업정지 처분에 대한 사실관계 및 법률적 근거가 위법 또는 부당하다고 판단하여 이의신청을 제기합니다." 또는 "해당 처분으로 인하여 회복할 수 없는 중대한 경제적 피해가 발생할 우려가 있으므로 집행정지를 요청합니다." 아니면 "본 처분은 법률상 절차를 위반하였거나, 사실관계의 오인에 기초한 것으로서 위법 또는 부당함을 소명합니다." 라고 기재하거나 "첨부한 증거자료를 통해 본인의 위반행위가 경미하거나 고의성이 없음을 입증하였으며, 처분의 감경이 필요합니다." 라고 작성하거나 "신속한 재심사와 공정한 판단을 요청드리며, 영업정지 처분의 부당성을 바로잡아 주시기 바랍니다." 라고 설명하는 식으로 기재하여 이의신청서의 주요 부분(이의신청 이유, 집행정지 신청 원인, 신청 취지 등)에 적절히 응용하여 사용하면 더 좋습니다. 핵심은 사실과 법률적 근거를 구체적으로 제시하면서도 문장은 명확하고 간결하게 전달하는 것이 효과적입니다.

이의신청 결과에 불복할 경우에는 행정심판이나 행정소송으로 구제 절차를 진행할 수 있습니다. 이의신청 이후에도 영업정지처분이 확정되거나 문제가 해결되지 않으면 행정심판(영업정지처분 통지일로부터 90일 이내에 청구할 수 있습니다)이나 행정소송(90일 이내에 제기할 수 있습니다)을 통하여 독립된 기관 또는 법원에 판단을 요청할 수 있습니다.

행정심판은 비교적 신속하고 비용 부담이 없으며, 행정소송은 법원의 강력한 법적 판단을 받을 수 있는 절차입니다. 행정소송 단계에서는 별도의 집행정지 신청을 통하여 영업정지 처분 집행 중지 요청이 필요할 수가 있습니다. 따라서 영업정지 이의신청은 신속한 대응이 중요합니다. 영업정지 처분을 받은 즉시 이의신청 절차를 준비하시고 관련 중요한 증거를 잘 수집하는 것이 핵심입니다.

2. 행정심판 청구

영업정지에 대한 행정심판청구는 영업정지 처분을 받은 사람이 해당 처분에 불복하여 법적으로 구제를 요청하는 절차입니다. 행정심판은 영업정지 처분을 받은 날로부터 90일 이내에 주소지 관할 구청, 군청, 시청 또는 해당 행정청 민원실에 행정심판청구서를 제출하여야 합니다. 다시 말해서 영업정지 처분 취소, 변경 등의 구제 요청과 함께 영업정지 처분의 위법 또는 부당성에 대한 구체적인 이유와 증거를 서면으로 제출하여야 합니다.

심판대상은 식품위생법. 공중위생법 위반에 따른 영업정지, 단란주점 · 노래방 · 유흥주점 · 숙박업소 등의 다양한 업종의 영업정지 및 영업취소 처분이 행정심판청구의 대상입니다. 한편 행정심판청구 시 집행정지 신청서를 함께 제출해 처분의 효력에 대해 행정심판청구 결과가 나올 때까지 잠정 중단할 수 있습니다. 집행정지신청이 승인되면 영업정지 처분의 집행은 행정심판청구의 결과 시까지 집행이 잠시 멈춥니다.

행정심판위원회가 행정심판청구서와 증거를 바탕으로 심리를 진행하며, 심리 과정에서 추가 자료의 제출이나 의견진술 기회가 주저질 수 있습니다. 다시 말해 행정심판은 1회 청구로 종결되며, 판정에 대해 불복하면 행정소송을 제기할 수 있습니다. 행정심판청구서를 작성할 때는 영업정지 처분의 이유 및 법적 근거를 보다 철저히 분석하고 구체적으로 설득력 있는 청구이유서를 작성하는 것이 핵심입니다. 관련 증거를 충분히 준비해 제출하여야 하며, 집행정지신청도 동시에 같이 하는 것도 실익을 높일 수 있습니다.

심판청구이유를 작성할 때는 첫째, 사건 개요로 사건 발생 일시, 장소, 관련자 등 사실관계를 구체적으로 설명하는 식으로 작성해야 합니다. 예를 들어, "연월일 ○○구청으로부터 영업정지 처분을 받았습니다." 라고 기재하여야 합니다. 둘째, 영업정지 처분의 내용 및 위법성 또는 부당성을 주장해야 합니다. 다시 말해 행정처분의 구체적 내용과 해당 처분이 왜 위법하고 부당한지 법률적 · 사실적 근거를 들어 설명하는 식으로 작성하여야 합니다. 셋째, 청구인 주장을 구체적으로 기재하여야 합니다. 말하자면 자신의 입장과 불복 사유를 체계적이고 논리적으로 서술하며, 과다처분, 절차 위반, 사실 오인 등 구체적 쟁점의 핵심을 기재하여야 합니다. 넷째, 관련 법령 및 판례 근거를 기재하는 것이 더 좋습니다. 예컨대 청구 내용을 뒷받침하는 법령 조항과 유사 판례 · 행정심판 결정 사례를 제시하면 설득력을 높입니다. 다섯째, 증거 자료의 목록 및 첨부서류를 설명하는 것이 좋습니다. 이를테면 증빙 서류(영업허가증, 처분통지서, 위생점검표, 진단서 등)를 명확히 기재하고 첨부 이유를 설명하면 좋습니다. 이러한 항목들을 중심으로 심판청구이유서를 작성하면 논리적으로 체계적이고 설득력 있는 문서로 효과적입니다.

법적쟁점은 논리적 흐름을 갖추면서 쟁점과 주장을 자연스럽게 이어주는 데 있습니다. 그러므로 쟁점 소개 후 연결하는 방법은 "먼저, 본 사안에서 가장 중요한 쟁점은 〇〇〇입니다." 와 같이 쟁점을 명확히 소개하고, 다음 문장으로 자연스럽게 이행합니다. 원인과 결과를 연결할 때는 "따라서~이므로,~해야 한다." 처럼 법적 원인과 결과를 논리적으로 연결해 주장을 이어가면 좋습니다. 근거와 주장을 연결할 때에는 "이와 같은 사실관계와 법률에 비추어 볼 때, ~ 라고 판단된다." 처럼 근거 자료와 주장을 조리 있게 연결하시면 더 좋습니다. 반박과 재차 주장을 연결할 때는 "다만, 상대측 주장은 ~ 하지만, 이는 ~ 으로 부당하다." 와 같은 방식으로 반박 논리와 자신의 주장을 매끄럽게 잇는 것이 좋습니다. 결론으로 자연스레 유도하는 식으로 다시 말해서 "이에 따라, 본 처분은 ~ 하므로 취소되어야 한다." 라는 결론문으로 법적주장의 흐름을 마무리하면 효과적입니다.

사실관계 요약 후 법리로 연결할 때는 사실과 법적 판단을 매끄럽게 잇는 식으로 작성하여야 합니다. 예를 들어 "위 사실관계에 비추어 보면, 〇〇법 제 몇 조가 적용되어야 합니다." 라고 기재하거나 또는 "사실관계를 종합할 때, 본 사안에 관한 법리는 어느 규정에 따라 판단해야 합니다." 라고 쓰거나 "이와 같은 사실에 근거하여, 법률의 조항이 정한 그 요건을 충족함이 명백합니다.", "따라서 위 사실을 바탕으로, 법리적 판단을 내리는 것이 타당하다.", "본 사건의 사실관계와 관련 규정을 고려할 때, 법적 결론을 도출할 수밖에 없다." 라는 식으로 사실 진술과 법률적 해석을 논리적으로 연결해 행정심판 청구 사유를 작성하시면 설득력을 높이는 데 유용합니다.

3. 적용할 핵심 법조항

행정 심판청구서에 적용할 핵심 법조항은 "본 사건은 식품위생법 제44조 제1항 위반 여부가 주요 쟁점입니다." 라고 기재하거나 "당해 처분은 행정절차법 제37조에 따른 적법한 절차를 거치지 않아 위법합니다." 라는 식으로 기재하거나 "공중위생관리법 제20조에 의거하여, 영업정지 처분이 이루어진 사실이 확인됩니다." 또는는 "본 건은 청소년보호법 제8조 규정에 따라 청소년 유해업소 지정 및 영업제한이 적용됩니다." 아니면 "처분의 법적 근거는 상법 제530조에 의한 영업정지 명령으로, 위반 시 제재가 가해집니다." 라는 식으로 핵심 법조항을 명확히 기재하시면 주장에 법적 근거를 명확히 하여 설득력을 높일 수 있어 훨씬 유리합니다.

사건의 핵심 사실에 대해서는 간결하게 요약하여 기재하는 것이 좋습니다. 다시 말해 연월일, 부산시 해운대구 소재 ○○식당이 위생관리 기준 위반으로 영업정지 처분을 받았습니다. 따라서 해당 식당은 정기 점검에서 청결 상태 부적합 판정을 받았으며, 이에 대한 개선 조치를 이행하지 못했습니다. 영업정지 처분으로 인해 영업이 중단되어 경제적 피해가 발생하였고, 처분의 위법성을 근거로 이의신청이 제기되었습니다. 이처럼 핵심 사실을 요약하면 사건 개요가 명확해져 행정신판청구서의 작성이나 주장에 효과적으로 활용할 수 있습니다.

4. 행정심판청구 사유

영업정지 행정심판 청구 사유로 자주 제기되는 주요 내용에는 첫째, 처분의 위법성을 주장하는 것입니다. 예를 들어 절차상의 하자(사전통지 및 의견 제출 기회 미비하거나 거치지 않은 경우), 둘째, 과잉금지의 원칙 위반에는 법령 해석 오류 등의 행정처분 절차 및 내용상의 위법을 근거가 있습니다(식품위생법, 행정절차법 관련) 셋째, 처분의 부당성을 주장합니다. 한편 같은 위반 행위에 대해 지나치게 엄격한 처분이거나 동일 사례에 비해 차별적인 처분이 내려졌을 경우에 처분 감경 또는 취소를 구할 수 있습니다. 넷째, 고의성 부인 및 경감 사유가 있습니다. 위반 행위가 고의 또는 중대한 과실이 아님을 주장하고, 처분 대상자의 반성과 피해 회복 노력, 재발 방지 대책 등을 들어 집행정지 및 감경을 요청할 수 있습니다. 다섯째, 경제적 피해 및 사회적 영향 강조해야 합니다. 영업정지로 인한 사업주 및 종업원의 경제적 피해, 생계 위협 등을 들어 영업정지 처분의 재고를 촉구하며 구제를 요청할 수가 있는 사유입니다. 여섯째, 증거 부족 또는 사실관계 다툼을 내세워 주장할 수 있습니다. 위반 사실 자체에 대해 증거 불충분이나 사실관계 해석의 오류가 있음을 다투는 경우에도 효과적입니다. 이러한 사유들은 행정심판 청구서 및 청구이유서 작성 시 구체적·개별적으로 보다 명확히 밝혀야 하며, 관련 법령 및 사례를 근거로 하여 논리적으로 설득해야 효과적입니다.

5. 행정심판 승소 요약

최근 유사 영업정지 행정심판 승소 사례에서는 서울행정법원(2023년 판결) 위생관리 기준 미비에 따른 영업정지처분에 대해, 처분 과정에서 사전통지 및 의견진술 기회가 충분하게 보장되지 않은 점을 들어 위법하다고 본 사례가 있습니다. 영업정지 처분이 취소되어 영업의 재개가 허가되었습니다. 서울행정법원 판결(2023년)에서도 경미한 위반사실임에도 불구하고 영업정지 3개월 처분은 과잉금지 원칙에 반한다고 판단되어 감경 처분이 이루어진 사례도 있습니다. 대법원 2021두102030 판결은 영업정지처분이 적법 절차를 따르지 않고 이루어진 점과 증거 부족을 근거로 처분을 무효로 선고한 판례도 있습니다. 서울시 행정심판 재결사례(2022년)은 청소년 주류 판매 혐의 관련 영업정지처분에 대해, 고의성 없음과 적극적인 시정조치 제출로 감경 및 집행정지 결정이 내려진 사건도 있습니다. 서울행정법원 판결 중에서 위반 사실 인정하였으나, 피해 회복 및 재발 방지의 대책이 충분히 마련된 점을 감안해 영업정지 기간 단축 결정이 내려졌습니다. 이들 사례들은 행정심판 및 법원 심리에서 절차적 적법성, 과잉금지 원칙, 증거 부족, 고의성 및 시정 노력 등이 중요한 쟁점임을 보여주는 사례들입니다.

6. 필요한 증거 분류

영업정지 행정심판청구를 할 때는 행정처분 통지서(처분 일자, 처분 사유, 처분 기관 등 공식 문서를 반드시 제출해야 합니다), 위반사항 관련 점검 및 조사 보고서(행정청이 제시한 위반사항에 대한 검사결과, 현장점검서, 위생관리 기록 등이 포함됩니다), 위생 관리 상황을 담은 사진, 영상증거, 시정 조치 및 개선 계획 문서(위반 당시의 정황을 설명할 사진, 영상 자료, 관련자 진술서, 신분증 확인 기록, 거래 및 계약서류 등이 필요합니다), 종업원 및 관련자 진술서, 영업허가증, 사업자등록증 사본이 필요합니다. 영업정지로 인한 사업 영향, 종업원 피해, 매출 감소 내역 등의 경제적 손실을 입증할 수 있는 자료를 제출하면 집행정지 신청을 할 때 유리합니다.

위법성 입증에 유리한 문서를 첨부해야 좋습니다. 처분의 불법성이나 절차적 하자를 입증하는 핵심 자료가 필요합니다. 위반사항의 전후 상황을 객관적으로 기록해 사건 경위를 밝히는 데 효과적입니다. 다만, 사진의 진정성과 조작 가능성에 대한 법적 검증이 필수적입니다. 위반 사실에 대하여 고의 부정이나 경감을 주장할 때 유리한 증거입니다.

녹음 파일 및 메시지를 캡처한 자료는 행정청과의 대화 · 통지 과정에서 절차적 문제나 부당함을 주장할 때 유효하며, 수집하실 때 적법 절차 준수가 중요합니다. 한편 증인 진술서는 해당 사실에 직접 관련된 직원, 고객, 전문가 진술 등이 객관성을 강화합니다. 자료는 원본 또는 진본임을 입증할 수 있어야 하며, 위법 수집 증거는 배척 대상이므로 증거수집 과정의 적법성도 철저히 관리해야 합니다. 이러한 자료들을 체계적으로 준비하면 위법성 입증에 크게 도움이 됩니다.

7. 청소년 술 판매

청소년 보호법 제28조에 따라서 누구든지 청소년에게 주류를 판매하는 행위는 금지되어 있습니다. 여기에는 자동판매기, 무인판매장치, 통신판매 등도 포함됩니다. 이를 위반할 경우 2년 이하의 징역 또는 2,000천만 원 이하의 벌금형이 부과됩니다. 청소년 보호법 제28조 주류 판매자는 구매자의 나이 및 신분을 확인하여 청소년인지 여부를 반드시 확인해야 하는 의무가 있습니다. 이를 소홀히 할 경우에 법적 책임이 따릅니다.

대법원 판례에 따르면, 술을 내어 놓은 당시 구매자가 성년자인 경우라도, 추후 청소년이 합석하여 술을 마셨다면 판매자가 이를 인지하거나 예견할 수 있었는지 여부가 매우 중요합니다. 청소년이 합석 후 인지하고 추가로 술을 제공했다면 판매 행위로 간주됩니다(대법원 2001.10.9. 2001도4069 판결).

청소년 자신이 술을 마시는 행위 자체는 형사처벌 대상이 아니나, 음주 상태에서 음주운전을 할 경우 도로교통법에 따라 형사처벌을 받게 됩니다. 영업정지 처분은 청소년에게 주류 판매가 한번만 적발되어도 2개월, 2회 적발 시 3개월, 3회 이상 시 영업허가 취소까지 이어질 수가 있으므로 자영업자에게 큰 영향을 미칩니다. 다시 말해서 청소년에게 술을 판매하는 행위는 법률상 엄격히 금지되어 있으며, 영업자는 주의 의무를 다해야 하고 위반 시에는 법적 제재가 매우 엄격함을 유념해야 합니다.

청소년에 술을 제공할 때 형사처벌 유형은 청소년보호법 위반에 따른 벌금형 초범의 경우 50만원에서 70만원 가량의 벌금이 부과되는 사례가 많습니다. 주류를 청소년에게 판매하거나 무상 제공한 경우 처벌 대상입니다.

영업정지 및 행정처분의 경우 청소년 주류 판매 적발 시 1차는 영업정지 2개월, 2차 이상은 영업취소 또는 업소 폐쇄의 조치가 취해집니다. 다만 최근에는 1차 영업정지 기간이 7일로 완화된 사례도 있습니다. 따라서 고의성의 인정 여부에 따른 처벌 수위의 차이는 청소년인지 알면서 판매한 경우에 중대한 처벌을 받으며, 외모 등으로 인해 고의성이 부인될 경우 벌금이나 경미한 행정처분으로 끝나기도 합니다. 대법원 판례에 따르면, 청소년의 법정대리인이 술 구매에 동의했더라도 판매자 처벌을 면하지 못합니다. 다시 말해 동의 여부와 관계없이 처벌 대상입니다. 판매 행위를 한 직원이나 아르바이트생도 형사처벌 대상이며, 경영주도 양벌규정에 따라 벌금 처분 대상이 됩니다. 청소년에게 술을 제공하는 행위는 법률상 엄격히 금지되며, 처벌 수위는 위반 횟수, 고의성 유무, 피해 정도에 따라 달라집니다.

8. 청소년 속임수 감경

청소년의 속임수로 술을 판매했을 때 처벌 감경 기준은 청소년이 신분증 위조 등 속임수로 판매를 유도하여도, 판매자가 고의성이 없고 신분 확인에 최선을 다한 경우에 처벌이 감경되거나 면제 가능성이 있습니다. 따라서 범행

인정과 함께 진지한 반성, 피해자에 대한 실질적 피해 회복(공탁 포함) 노력이 있으면 형사처벌이 감경되는 주요 사유로 인정됩니다. 한편 피해자가 처벌을 원하지 않고 원만한 합의가 이루어진 경우도 양형에 참작되어 감경될 수 있습니다.

행위가 단기간이며 실제 이득액이 크지 않은 경우, 그리고 범행 전력이 없는 경우에 감경 요인으로 작용합니다. 심신미약, 자수, 내부 고발, 인적 신뢰관계 이용 등도 감경의 사유에 포함됩니다. 청소년의 속임수로 술을 판매한 경우라도, 고의성이 없고 적절히 대응했다면 처벌 감경이 가능하며, 증거 자료와 합의 등 정황이 중요하게 평가됩니다.

9. 행정처분 감경 사유

영업정지 · 과태료의 감경 사유는 최근 3년 이내 동일 위반으로 인한 처분이 없는 경우, 위반 행위 발생 후에 즉시 자진 시정하고 재발 방지 대책을 성실히 이행한 경우, 위반 정도가 경미하거나 과실 인정, 고의성이 없는 경우, 사업자 생계 곤란 등 사회 · 경제적 어려움을 증명할 수 있는 경우, 처분 전 사전통지, 의견 제출의 기회 미비 등 절차적 하자가 있는 경우, 동일 행위에 대하여 기존 처분이 부당하거나 과도하다고 인정되는 경우에는 감경할 수가 있습니다.

10. 감경 신청하는 방법

행정처분 영업정지 · 과태료 처분을 받은 사람은 30일 이내에 그 행정관청의 장에게 이의신청을 할 수 있고 처분을 받은 날로부터 90일 이내에 행정처분을 한 기관 또는 행정심판위원회에 행정심판을 청구할 수 있고 행정심판청구가 기각된 경우 행정소송을 제기할 수 있습니다. 이의신청이나 행정심판청구 또는 행정소송의 소장에 사실관계와 감경 사유를 구체적으로 기술하고 시정조치, 경제적 어려움 증명자료, 관련 내부 문서 등을 증거로 첨부하여 제출해야 합니다. 신청인은 심판 절차 및 변론에 참석할 수가 있고 행정심판위원회 심리과정에서는 입장 피력 및 추가할 자료의 제출이 가능합니다.

감경 요건을 입증하는 책임은 사업자에게 있습니다. 다시 말해 감경 요건이 갖추어지면 영업정지 기간이나 과태료 금액이 일정 범위 내에서 감경될 수 있습니다. 일부 행정청은 감경 대신 처분 변경(예를 들어 영업정지를 과태료 부과로 변경하는 경우도 있습니다)도 허용하기도 합니다. 그러므로 영업정지 처분에 대한 이의신청이나 행정심판청구 또는 행정소송은 체계적인 준비 및 법률 검토를 통하여 감경 가능성을 높이는 것이 매우 중요합니다.

11. 감경 사유 및 근거

영업정지(과태료) 감경 신청서에는 신청인 정보로 성명, 주소, 연락처 등 기본 인적사항을 기재하시고 처분 내용으로 처분명, 일자, 처분 기관 기재하고, 감경 사유 및 근거를 구체적으로 설명하는 식으로 기재하고 사건 개요 및 위반 사실 인정하고 위반 발생 이후 즉시 자진 시정 및 재발 방지 대책 실행 사실을 설명하시고 사업자의 현재 처한 경제적 어려움 또는 생계 곤란 상황을 설명하고 처분 절차상 하자나 경미한 위반임을 주장한 다음 사회적 취약 계층에 해당할 시 관련 법령 근거를 제시(예를 들어서 미성년자, 장애인 등)하고 증빙자료로 시정 완료 증명서, 사업자 피해 내역을 첨부하시고 관련 법령 조항 등을 기재하고 결론 및 요청 사항으로 영업정지 처분의 감경 또는 경감해 줄 것을 정중히 청구하여야 효과적입니다.

행정처분과 관련하여 당사는 위반 사실을 진심으로 인정하며, 위반 발생 즉시 관련 사항에 대해 자진하여 시정 조치를 완료하였음을 알려 드립니다. 또한, 재발 방지를 위한 구체적 대책까지 마련하여 현재 성실히 이행하고 있습니다. 당사는 이번 처분으로 인하여 심각한 경제적 피해를 입게 되어, 경영 유지에 큰 어려움을 겪고 있음을 말씀드립니다. 아울러, 당사는 감경 대상자로 판단되오니, 이 점 감안하시어 영업정지 기간 및 과태료 부과에 적극적인 감경 조치를 간곡히 부탁드립니다.

12. 감경 사유 핵심 증빙서류

감경 받을 수 있는 핵심 사유는 첫째, 자진 시정 및 개선 노력, 둘째, 경제적 어려움 및 생계 곤란, 셋째, 경미한 위반 및 고의성 부인, 넷째, 절차적 하자, 다섯째, 사회적 취약 계층 관련 사유를 들 수 있습니다. 자진 시정 및 개선 노력에는 시정 완료를 증명하는 공문서 또는 확인서, 시정 조치 사진 및 영상 자료, 재발 방지 계획서 및 실행 내역 보고서가 필요합니다. 한편 경제적 어려움 및 생계 곤란에는 사업자 또는 대표자의 소득증명서, 세금납부증명서, 금융기관 발행 잔고 증명서, 부채 증명 자료, 가계부, 지급명세서 등 생활비 지출 내역이 필요합니다. 경미한 위반 및 고의성 부인에는 위반 당시 상황을 설명하는 진술서(작성자 및 목격자), 관련 계약서, 업무지침서, 교육 이수 증명서, 내부 감사 보고서 또는 조사 결과보고서, 절차적 하자에는 처분 관련 사전통지서, 의견제출촉구문서, 의견서 제출 증빙(등기우편, 방문 접수 확인서 등), 행정절차법 위반 근거 법령 및 조문이 필요합니다. 사회적 취약 계층 관련에는 장애인복지카드, 건강보험증 등 공식 증명서, 가족관계증명서, 보호자 관련 서류, 사회복지기관 상담 및 지원 확인서 등의 각 증빙서류는 감경 신청서와 함께 제출하여야 하며, 구체적이고 객관적인 자료일수록 감경 가능성이 높아집니다.

13. 음주운전

도로교통법 제44조 제1항에는 "누구든지 술에 취한 상태에서 자동차 등(건설기계관리법 제26조 제1항 단서에 따른 건설기계 외의 건설기계를 포함합니다. 이하 이 조, 제45조. 제47조, 제93조. 제1항 제1호부터 제4호 까지 및 제148조의2에서 같습니다), 노면전차 또는 자전거를 운전하여서는 아니 된다." 라고 규정하며 음주운전을 금하고 있습니다.

위의 조문을 뜯어보면, 첫째, '술에 취한 상태' 에서 둘째, '자동차 등, 노면전차 또는 자전거' 를 셋째, '운전하여서는 아니 된다.' 로 구분해 볼 수 있습니다. 이러한 요건이 충족되면 도로교통법에서 금지하고 있는 음주운전을 했다고 볼 수 있는 것입니다. 다시 말해 하나씩 각각 뜯어보면 '술에 취한 상태' 란 '술에 취한 상태' 는 이를 규정하고 있는 같은 법 제44조 제4항을 통해 알 수 있습니다. 도로교통법 제44조 제4항 제1항에 따라 운전이 금지되는 술에 취한 상태의 기준은 운전자의 혈중알코올농도가 0.03퍼센트 이상인 경우로 합니다.

다시 말해서 0.03% 이상의 혈중알코올농도가 측정될 경우에 술에 취한 상태로 볼 수 있는 것입니다. 그 방법으로는 호흡조사로 측정할 수 있고(법 제44조 제2항) 이에 불복하는 경우에 혈액 채취 등의 방법으로 다시 측정할 수 있다고 되어 있습니다.

자동차 등, 노면전차 또는 자전거' 에는 '자동차 등' 은 자동차와 원동기장치자전거를 말하며, 이 중 자동차는 "철길이나 가설된 선을 이용하지 않고 원동기를 사용하여 운전되는 차"로서 자동차관리법 제3조에 따른 자동차와 건설기계관리법 제26조 제1항의 단서에 따른 건설기계를 포함하고 있습니다(도로교통법 제2조참조). 원동기장치자전거(도로교통법 제2조 제19항 "자동차관리법 제3조 에 따른 이륜자동차 가운데 배기량 125시시 이하(전기를 동력으로 하는 경우에는 최고정격출력 11킬로와트 이하)의 이륜자동차" 와 "그 밖에 배기량 125시시 이하(전기를 동력으로 하는 경우에 최고정격출력 11킬로와트 이하)의 원동기를 단 차 자전거 이용 활성화에 관한 법률 제2조 제1호의2에 따른 전기자전거는 제외한다)"를 말합니다.

14. 자동차 운전면허 취소 처분

음주운전은 실생활에서 많이 발생합니다. '한 번쯤은 괜찮겠지' 라는 생각으로 행동한 사람도 있겠지만, 실제로 사건을 접하다 보면 억울한 사정이 있는 경우도 종종 있습니다. 대리운전 기사를 통해 거주지 인근까지 이동하였으나 주차장이 아닌 다른 곳으로 주차를 해 두고 떠 나 운전을 하는 경우이거나 식당의 주차장에 주차를 해 뒀는데 차를 빨리 빼 달라는 요청을 받아 급하게 차를 몇 미터 이동시키다가 적발되는 경우 등 다양합니다.

따라서 음주운전을 옹호하는 것이 아니라, 정말 억울한 사정이 있는 사람도 상당히 많습니다. 어쨌든 도로교통법은 명확히 술에 취한 상태에서 운전을 금하고 있고 혈중알코올농도와 같은 일정한 기준을 두어 자동차 운전면허 취소

처분을 내리고 있는 것입니다. 잘 알고 계신 분들도 많겠지만, 혈중알코올농도 기준으로 자동차 운전면허 정지와 취소 기준에는 혈중알코올농도 0.03% 이상 0.08% 미만은 운전면허 정지, 혈중알코올농도 0.08% 이상은 운전면허 취소가 됩니다. 음주운전은 형사처벌 대상이 되는 동시에 자동차 운전면허 정지 또는 취소 처분을 받는 행정처분의 대상이 되기도 합니다.

15. 행정처분의 경우

음주운전 적발▷경찰조사 및 자동차 운전면허증 반납 ▷자동차운전면허 취소 처분 사전 통지서 수령 및 의견제출▷지방경찰청장 취 소 결정 통지서 송달 ▷행정심판 청구 운전면허증을 반납하지 않게 되면 3만 원의 범칙금을 받을 수가 있습니다(도로교통법 제95조 및 도로교통법 시행령 별표 8 제68호 참조).

16. 형사처벌의 경우

형사처벌의 경우 두 가지 형태로 나눠 볼 수 있습니다. 이것은 2026. 10.까지는 검사, 2026. 10.이후부터는 공소청의 공소관의 공소제기 방법에 따른 구분으로 징역형 이상의 처벌을 구하는 정식기소와 별도의 변론 없이 서류로 재판하는 약식기소가 있습니다. 음주운전 적발▷경찰조사▷관할 검찰청(2026. 10.이후부터는 공소청으로 사건 송치▷약식 기소▷벌금납부 또는 정식재판 청구 순으로 진행됩니다.

또는 음주운전 적발▷경찰조사▷관할 검찰청(2026. 10.이후부터는 공소청)으로 사건 송치▷불구속 구공판회부▷공소장 부본 송달▷7일 내에 공소장 의견서 제출▷형사재판▷판결선고 순의로 진행됩니다.

17. 음주운전 행정심판

음주운전 행정처분(면허취소, 면허정지)에 대해 이의가 있는 경우 운전자는 행정심판을 청구할 수 있습니다. 행정심판은 처분을 한 관할 행정청 혹은 행정심판위원회에 처분일로부터 90일이내 청구해야 합니다. 감경 사유는 운전이 가족의 생계 유지에 중요한 수단인 경우(생계형 구제), 처분 당시 3년 이상 교통봉사활동 경력 있는 모범운전자, 교통사고 도주 운전자를 검거하여 경찰의 표창 받은 경우, 과거 5년 내 음주운전 및 인적 피해 교통사고의 전력 없는 경우, 음주수치가 0.08%~0.1% 사이(0.1% 초과시 감경이 어렵습니다), 절차적 위법(음주측정 불응, 절차 미준수) 여부 검토 가능합니다.

18. 감경의 효과

운전면허 취소 처분이 면허정지로 변경되거나, 면허정지 기간이 감경될 수 있습니다. 특별교통안전교육 이수 시 면허정지 기간 감경이 가능합니다. 이의신청이 받아들여질 경우 처분 취소 또는 감경 결정을 받을 수 있습니다. 처분 통지서 수령 후 90일 이내 이의신청 또는 행정심판 청구, 구체적 감경 사유 및 증빙 자료(생계 곤란 증명서, 봉사활동 증명 등)의 첨부가 필수입니다. 감경 사유 해당 여부와 증거의 충실성에 따라 결과가 달라질 수 있습니다.

운전이 생계와 직접적으로 연관되어 있고, 해당 운전이 없으면 정상적인 수익활동이 불가능한 경우에 감경이 인정됩니다. 다시 말해 택배, 운송업, 출장 필수 업무의 종사자가 이에 해당합니다. 단순 주장만으로는 부족하며, 고용확인서, 사업자등록증, 운행일지와 같은 구체적인 입증자료 제출이 필요합니다. 한편 자발적인 교통안전교육 이수, 진지한 반성의 내용이 담긴 반성문 제출, 사회봉사 참여 등 구체적 운전이 불가피한 위급 상황에서의 음주운전도 감경 사유로 인정되나, 객관적인 증거(응급실 기록, 시간대 일치 등)가 필수적입니다. 한편 진정성 있는 개선 노력이 감경에 긍정적으로 반영됩니다.

판례에서는 감경 인정 시 초범 여부, 무사고 여부, 구체적이고 객관적인 증빙 자료의 제출이 공통된 기준임을 보여줍니다. 생계형 감경은 운전이 사업상 필수적임과 진정성 있는 반성이나 개선 노력이 명확히 입증되어야 하며, 단순한 주장이나 정황만으로는 감경이 인정받기 어렵습니다.

19. 청소년에게 담배 판매

담배를 소비자에게 판매하기 위해서는 담배사업법에 따라서 소매인 지정을
받아야 합니다. 담배소매인 지정을 받아 청소년에게 담배를 판매 하는 사람은
청소년 보호법과 담배사업법에 따른 처벌을 각각 받게 됩니다. 청소년 보호법
제2조 제1호 "청소년" 이란 만 19세 미만인 사람을 의미합니다. 다만, 만 19
세가 되는 해의 1월 1일을 맞이한 사람은 제외합니다. 청소년 보호법 제2조
제4호 "청소년유해약물등' 이란 청소년에게 유해한 것으로 인정되는 다음 가
목의 약물(이하 "청소년유해약물" 이라 한다)과 청소년에게 유해한 것으로 인
정되는 다음 나목의 물건(이하 "청소년유해물건" 이라 한다)을 말합니다.

청소년에게 담배를 판매하는 그 행위는 형사처벌 대상이면서 동시에 행정처
분 대상이 됩니다. 행정처분은 사건 발생▷행위자의 경찰조사▷2026. 10.까
지는 검찰송치, 2026. 10.이후부터는 공소청 및 관할 행정기관의 장에게 통
보▷행정처분 사전통지서 및 의견제출서 송달▷행정처분 명령서 송달 순으로
진행됩니다.

예를 들어 담배소매인 지정을 받아 편의점을 운영하는 영업주가 직원을 고용
하여 영업하는 중 직원이 청소년의 신분증을 확인하지 않고 담배를 판매하였
다면 청소년 보호법에 따른 형사처벌은 직원이 받게 되고 영업주에게는 담배
사업법에 따른 영업정지의 행정처분을 받게 되는 것입니다.

숙박 업소에서 청소년 이성혼숙 장소를 제공했을 때와 마찬가지로, 청소년에
게 담배를 판매하는 행위는 청소년 보호법과 담배사업법을 동시에 위반하는
것으로 담배사업자에 대한 행정처분을 함에 있어 형사판결의 결과가 영향을
미칩니다. 구체적으로 살펴보면 담배사업 법에서는 청소년에게 담배를 판매하
였다고 하더라도 일정한 경우 그 행정처분을 면제하고 있는데, 그 사유를 담
배사업법 제17조 제2항 단서에 다음과 같이 정하고 있습니다.

20. 행정심판 감경 사유

담배 사업법 시행규칙 별표에 의하면 소매인에 대하여 영업정지 처분 기준은 위반 행위의 동기 · 내용 · 기간 · 횟수 및 위반 행위로 인하여 얻은 이익 등에 해당하는 사유를 고려하여 위반 행위에 해당하는 처분기준의 2분의1의 범위에서 감경할 수가 있습니다. 위반 행위가 고의나 중대한 과실이 아닌 사소한 부주의나 단순한 오류로 인한 것으로 인정되는 경우, 위반의 내용정도 등이 경미하여 담배판매업 등 담배사업에 미치는 피해가 적다고 인정되는 경우, 위반 행위자가 처음 위반 행위를 한 경우로서 5년 이상의 담배소매업을 모범적으로 수행한 사실이 인정되는 경우가 이에 해당합니다.

21. 노래연습장 주류 판매

노래 연습장업의 정의와 영업자가 지켜야 할 준수사항에 대해서는 "음악산업진흥에 관한 법률" 에 규정되어 있습니다. 준수사항 중, "주류 판매'' 를 금하는 내용은 이 법 제22조 제1항 제3호에 규정되어 있습니다. 한편 음악산업진흥에 관한 법률 제2조 제13호 "노래연습장업" 은 연주자를 두지 않고 반주에 맞추어 노래를 부를 수 있도록 하는 영상 또는 무영상 반주장치 등 시설을 갖추고 공중의 이용에 제공하는 영업을 말합니다.

음악 산업진흥에 관한 법률 제22조(노래연습장업자의 준수사항 등) ①노래연습장업자는 다음 각 호의 사항을 지켜야 합니다. 주류를 판매제공하지 아니할 것, 만일에 노래연습장업자가 이를 준수하지 못하고 주류를 판매, 제공하게 될 경우에는 형사처벌과 영업정지 등의 행정처분을 각각 받게 됩니다.

한편 음악산업진흥에 관한 법률 제27조(등록취소 등) ①시장 · 군수 · 구청장은 제2조 제8호 내지 제11호 및 제13호의 규정에 따른 영업을 영위하는 자가 다음 각 호의 어느 하나에 해당하는 때에는 그 영업의 폐쇄 명령 등록의 취소 처분 6개월 이내의 영업정지명령, 시정조치 또는 경고조치를 할 수 있습니다. 다만, 제1호 또는 제2호에 해당하는 때에는 영업을 폐쇄하거나 등록을 취소하여야 합니다. 제22조의 규정에 따른 노래연습장업자 준수사항을 위반한 때 음악산업진흥에 관한 법률 시행규칙 별표 2, 행정처분의 기준 2 개별기준 마목 3)주류를 판매, 제공한 때 1차 위반 영업정지 10일, 2차 위반 영업정지 1개월, 3차 위반 영업정지 3개월, 4차 위반 등록취소/영업폐쇄 조치가 취해집니다.

형사처벌 근거에는 음악산업진흥에 관한 법률 제34조(벌칙) ③다음 각 호의 어느 하나에 해당하는 자는 2년 이하의 징역이나 2,000천만 원의 벌금에 처합니다. 따라서 제22조 제1항 제2호 또는 제3호의 규정을 위반하여 청소년을 출입하게 하 거나 주류를 판매 제공한 노래연습장업자가 만일에 노래연습장업자가 운영 중 처음 주류를 판매하다가 적발되었다면, 「음악산업진흥에 관한 법률」 제22조 제1항 제3호 1차 위반에 따라서 영업정지 10일의 행정처분과 함께 형사처벌로 2년 이하의 징역 또는 2,000천만 원 이하의 벌금을 부과 받게 되는 것입니다.

22. 행정소송

영업정지 처분에 대한 불복이 있으면 행정심판 이후 또는 행정심판을 거치지 않고도 행정소송을 제기할 수 있습니다. 행정소송은 영업정지 처분을 받은 날로부터 90일 이내에 관할 행정법원에 청구해야 합니다. 행정소송의 절차는 먼저 소장을 작성하고 행정기관의 행정처분서, 행정심판 결정문 등 관련서류를 첨부해 행정법원에 소송 제기하여야 합니다. 행정소송의 소장이 행정법원에 제출되면 심리 및 변론을 거쳐 피해자 및 피청구인은 변론참석, 증거제출 등으로 주장을 입증하여야 하고 심리가 종결되면 법원은 영업정지 처분의 적법성, 위법성 여부 판단 후 영업정지 처분의 취소, 변경, 기각 결정을 합니다.

한편 행정소송은 상당한 시실이 예상되므로 헹정소송을 제기하면서 함께 혹은 진행 중인 상태에서 영업정지 행정처분의 집행을 일시적으로 중단시켜 영업정지를 막는 집행정지신청이 가능합니다. 행정소송에서는 영업정지 처분이 절차적으로 하자가 있거나 과도할 경우, 취소 판결이 내려질 수 있습니다. 행정소송은 행정심판에서 다뤄지지 않은 사실관계나 법률적 쟁점을 재검토 가능합니다. 집행정지 신청을 통해 영업정지 기간 중 영업 지속도 가능합니다.

증거자료와 사유서를 충실히 작성하고 어떠한 이유에서 영업정지가 부당하고 왜 행정처분이 위법하다는 것인지 이해하기 쉽게 설명하는 식으로 작성해야 합니다.

행정 소송에서는 행정심판과는 달리 법원의 판단을 받으므로 보다 더 강력한 법적 구제가 가능합니다. 따라서 행정소송에 소요되는 기간은 수개월이 소요될 수 있으므로 신속한 대응과 전략적 준비가 필요합니다. 영업정지 행정처분에 대한 행정소송은 최종 법적 구제 수단으로 행정처분의 사실 및 법률적 문제를 보자 더 면밀히 검토하여 적극 대응하여야 합니다. 다시 말해서 행정소송은 행정청의 영업정지 처분, 부작위 등으로 권리 또는 이익이 침해된 국민이 법원에 제기하는 중요한 소송입니다. 주요 목적은 영업정지 행정처분의 위법성 다툼 및 구제에 있습니다.

소장에는 영업정지 행정처분의 적법성, 절차상의 하자, 과도한 처분 등을 근거로 내세워 다툴 수 있습니다. 특히 영업정지 처분으로 인한 경제적 피해, 생계 곤란, 신속한 행정처분 집행의 부당성 등 감경 사유를 강조할 수 있습니다. 한편 행정소송의 소장에는 관련 증거를 체계적으로 수집하여 제출하고, 위법 또는 부당함을 설명하는 식으로 작성하여야 효과적입니다.

불합리한 영업정지 처분이거나 과도한 행정처분에 대해 구제 판결이 내려지는 경우가 많습니다. 영업정지 행정처분에 대해서는 신속히 행정심판과 집행정지 신청을 하고, 경과에 대한 이의가 있을 경우 행정소송으로 이어가면서 영업정지 행정처분의 적법성 및 절차상 하자를 집중적으로 다투는 것이 구제받는 핵심 전략입니다.

(1) 관할법원

영업정지 처분에 대한 행정소송은 일반적으로 영업정지 처분을 내린 행정청의 결정에 대해 법원에 처분 취소를 구하는 소송입니다. 영업정지 행정소송은 행정심판을 거친 후 또는 바로 법원에 제기할 수 있으며, 소송은 관할 행정법원에서 진행됩니다.

관할법원은 행정법원의 관할 대상입니다. 다시 말해 영업정지 처분을 내린 그 행정청의 소재지를 관할하는 행정법원에 소송을 제기합니다. 영업정지에 대한 불복은 행정심판으로 먼저 다투는 경우가 많으며, 행정심판에서 불복 시 행정소송을 제기할 수 있습니다. 행정심판 청구는 처분을 받은 날부터 90일 이내에 주소지 관할 구청이나 시 · 군 · 구청 민원실에 청구하며, 이 후에도 소송 제기가 가능합니다.

행정소송 제기 시에는 집행정지 신청을 할 수 있습니다. 집행정지는 소송이 끝날 때까지 영업정지 처분의 집행을 일시 중단시키는 제도이며, 법원이 이를 허가할 경우 처분의 효력이 잠정적으로 정지됩니다.

(2) 인지대 계산 방법

영업정지 처분 등 금전과 관련 없는 행정처분 소송의 소송목적의 값(소가)은 일률적으로 50,000,000원으로 산정합니다. 이에 따라서 민사소송 등 인지대 규칙에 근거해 소가 5,000천만 원에 해당하는 인지대를 계산합니다.

인지대 계산 방법은 소가 5,000만 원×0.0045+5,000=2 30,000원 입니다. 인지대는 현금으로 납부하고 그 납부서를 행정소송의 소장에 첨부해 제출하시면 됩니다. 실제 납부 시 전자소송이면 10% 감면된 금액을 납부하시면 됩니다.

(3) 송달요금 예납 기준

송달요금 1회분은 2025. 06. 01.부터 금 5,500원으로 인상된 송달요금입니다. 행정소송에는 송달요금을 원고1인, 피고1인을 기준으로 각 10회분 총 20회분 금 110,000원의 송달요금을 예납하고 그 납부서를 위 인지대 납부서와 같이 행정소송의 소장에 첨부하시면 더 이상 들어가는 비용은 없습니다.

(4) 청구취지 기재

영업정지 행정소송에서 청구취지는 피고(행정청)가 내린 영업정지 처분을 법원에 취소해 달라고 구하는 내용입니다. 청구취지에는 1.피고가 연월일 원고에게 한 영업정지 처분(처분 기간 명시)을 취소한다. 2.소송비용은 피고가 부담한다. 라는 판결을 구합니다. 다시 말해 "연월일 원고에게 한 영업정지 처분을 취소해 달라." 는 구체적인 처분 일자와 내용, 처분 기간을 명확히 기재하고, 소송비용 부담 문제도 청구취지에 포함합니다. 이러한 청구취지는 처분 자체의 위법성과 무효를 다투는 것으로, 법원에 해당 처분의 효력 중지를 구체적으로 요구하는 목적입니다. 한편 청구취지는 소장의 핵심적 부분이므로 명료하게 작성하는 것이 더 중요합니다.

(5) 청구원인 기재

행정소송에서 청구원인은 영업정지 처분의 위법성 또는 부당성을 구체적으로 설명하는 이유를 설명하는 식으로 기재하여야 합니다. 처분의 근거 법령 위반으로 행정청이 적용한 법적 근거가 잘못되었거나 해석을 오해한 경우를 기재해야 하고, 절차적 하자는 행정절차를 적법하게 이행하지 않았거나 의견수렴, 통지 등이 불충분한 경우를 설명해야 하고, 사실오인 또는 증거 부족의 경우 위반 행위가 없거나 증거가 불충분하여 처분의 사실관계가 잘못된 경우를 지적하여야 하고, 처분의 재량권 남용 또는 지나친 처분의 경우 처분이 과도하거나 형평성에 어긋나는 경우를 기재하여야 하고, 기타 인권 침해 또는 권리남용 주장 등의 미성년자에게 주류 판매 사실이 없거나, 판매 시 정확한 신분증 확인을 했음에도 계획적 위반으로 보기 어렵다거나, 행정청이 절차적인 요건을 준수하지 않았음이 입증될 경우 등에 대해 소장에 구체적인 사실과 법률적 근거를 기재하여 법원이 영업정지 처분의 취소 필요성을 판단하도록 하는 핵심 부분입니다.

제2장 식품위생법 위반 영업정지 처분 구제

제1절 식품위생법 위반

식품 위생법 위반은 식품의 안전과 위생을 확보하기 위해 정해진 규정을 어긴 행위를 말합니다. 식품위생법 위반에 따라 다양한 행정처분 및 형사처벌이 내려질 수 있습니다. 위반의 주요 행위에는 건강검진 미필, 위생모/마스크 미착용, 조리장 및 식품보관실 등 위생 불량, 조기도구 위생 불량, 소비기한 경과 식품 보관/사요, 식품 내 이물질(금속, 유리, 기생충 등), 남은 음식 재사용, 영업허가 없이 영업, 영업정지 기간 중 영업, 허가받은 업종과 타 업종 운영, 무허가 · 미신고 영업, 영업장변경 미신고, 식중독 발생 및 기준위반, 식품 내 세균 기준 위반입니다.

위생 불량의 경우에 과태료 10만 원~150만 원, 반복 시 금액 증액 됩니다. 소비기한 경과 식품 사용의 경우에는 1차 영업정지 15일~1월, 3차까지 반복 시 최대 3개월 영업정지 처분이 됩니다. 식품에 이물질 혼합의 경우 시정명령~영업정지 2~20일 계단식 처분이 됩니다. 건강진단 미흡의 경우에 과태료 10~30만 원이 부과됩니다. 영업허가 없이 영업하거나, 영업정지 기간 중 영업의 경우 허가취소 · 폐쇄 됩니다. 식중독 발생의 경우 1차 영업정지 1월, 반복 시 최대 3개월 영업정지 및 허가취소 가능합니다.

위반은 부정식품, 불량식품, 유해식품 제조 · 유통뿐만 아니라 영업허가/신고/등록 미 이행, 영업준사항 위반 등까지 모두 포함합니다. 위반행위 유형에 따라 행정처분(과태료, 영업정지, 허가취소 등)과 함께 형사처벌(징역형, 벌금 등)이 부과될 수 있습니다. 양벌규정이 적용돼 법인의 경우 대표자뿐만 아니라 그 행위자도 함께 처벌받을 수 있습니다.

식품 위생법 위반 즉시 시정 조치하면 과태료가 50% 감경되는 등, 처분 감경 규정이 일부 마련돼 시행되고 있습니다. 다시 말해서 식품위생법 위반행위의 위치, 횟수, 중대성, 재범 여부에 따라 처벌 수위가 달리 적용됩니다. 따라서 식품위생법 위반의 구체적 행위와 해당 처벌은 실제 작용 조문이나 세부 규정, 사안의 중대성에 따라 변동될 수 있으므로 사안별 판례와 세부 행정처분 기준을 함께 검토해야 합니다.

1. 행정처분 이의신청

행정처분을 인정할 수 없는 경우 이의신청을 할 수 있습니다. 행정처분에 대한 이의신청은 처분을 받은 날로부터 30일(또는 최대 90일) 이내에 해당 행정청에 서면으로 신청하는 절차입니다. 이의신청서에는 신청인의 인적사항, 처분 내용과 처분을 받은 날짜, 이의신청 이유를 명확히 기재해야 합니다.

이의신청서는 해당 행정처분을 한 행정기관(행정청)의 장에게 제출합니다. 이의신청을 제출할 기간은 일반적으로 처분 통지를 받은 날부터 30일 이내, 일부 법령에 따라 90일 이내 가능합니다. 이의신청서에는 이의신청인의 신상정보, 이의신청 대상 처분의 내용 및 날짜, 이의신청 이유가 포함된 문서로 하여야 합니다.

접수방법은 팩스, 이메일, 우편, 방문 등의 행정청이 인정하는 방식으로 제출할 수 있습니다. 이의신청을 받은 행정청은 이의신청서 접수 후 10일 이내(부득이한 경우 최대 20일 이내) 결정하고 그 결과를 이의신청인에게 서면으로 통지해야 합니다. 처리결과에는 결정 이유와 불복 시 다음 절차(행정심판, 행정소송 등)에 관한 안내도 포함됩니다. 다시 말해서 이의신청은 행정심판이나 행정소송 제기에 앞서 절차적으로 행정처분의 적법성 등을 다시 검토 받을 수 있는 기회가 됩니다.

행정처분에 대해 이의신청을 하면 이후 행정심판이나 행정소송의 청구 기간이 연장되는 효과가 있어 실무상 권장되며, 법적구제 절차의 시작점이 될 수 있습니다. 식품위생법 위반 행위와 행정처분의 정확한 내용을 보다 명확히 파악하여 구체적인 이의신청 사유를 작성하는 것이 더 중요합니다. 다시 말해 식품위생법 위반 등 행정처분에 불복 시 즉시 해당 행정청에 서면으로 이의신청서를 제출하고, 행정청의 결정 결과를 기다린 뒤 필요 시 추가 구제 절차(행정심판, 행정소송)로 진행하는 것이 일반적인 방법입니다.

2. 영업정지 처분 구제

(1) 영업정지 처분

식품 위생법 위반 중에서 소비기한 경과 식품 보관 또는 사용하여 적발되면 1차 위반 시 15일~1개월, 3차 위반 시 최대 3개월 영업정지, 남은 음식 재사용으로 적발되면 1차 15일, 3차 3개월 영업정지, 식품 내 기생충, 금속, 유리 등 이물 혼입으로 적발되면 1차 2일~5일, 3차 10일~20일 영업정지, 건강진단 미필, 위생모 미착용 등 위생불량으로 적발되면 과태료 부과, 식중독 발생시 1차 1개월, 반복 시 최대 3개월 영업정지 및 허가취소 가능, 수입 금지 식품 무신고 수입이 적발되면 2개월~3개월 영업정지, 폐쇄 가능합니다.

영업정지 처분이 내려지면 그 영업정지 기간 동안 영업을 하지 않아야 합니다. 다시 말해 영업정지 기간 중에도 영업을 하다가 적발되면 허가취소나 폐쇄를 당할 수 있습니다. 영업정지 처분에 불복할 경우 행정처분 불복 절차로 이의신청이나 행정심판 또는 행정소송을 활용할 수 있습니다. 식품 위생법 위반으로 영업정지 처분을 받은 경우 위반 내용과 횟수에 따른 처분 기간을 정확히 확인하고, 기간 내 준수를 철저히 해야 하며, 불복 시 적절한 절차를 밟는 것이 더 중요합니다.

위반행위가 고의성이 없거나 사소한 부주의에 한정되면 처분기간의 1/2 범위 내 감경 가능합니다. 다시 말해서 1년 이내 동일 위반 반복 시 처분 강화, 3개월 영업정지 후에도 재 위반 시 허가취소 또는 폐쇄 처분이 뒤따를 수 있습니다. 영업정지 명령을 위반한 경우 바로 영업폐쇄 처분이 될 수 있습니다. 행정처분일을 기준으로 위반 횟수를 산정하며, 같은 날 중복 적발 시 한 건으로 봅니다. 이 기준은 식품위생법 시행규칙 및 행정처분 세부 기준에 명시된 사항으로, 구체적 위반 내용에 따라 처분 기간과 강도가 달라집니다. 영업정지 처분 후 불복 시 바로 이의신청을 하거나 행정심판 또는 바로 행정소송을 제기하여 법적 구제절차를 진행할 수 있습니다.

(2) 감경 사유 및 증빙 서류

식품 위생법 위반에 따른 영업정지 처분 시 감경 사유가 인정되는 제출 가능한 증빙 서류에는 첫째, 초범 및 진정성 있는 반성의 경우 재범 가능성이 낮고 컴퓨터에서 워드로 작성한 반성문, 사회봉사 등 성실한 반성 태도 인정 시 감경 사유가 됩니다. 둘째, 위반 사실 즉시 시정 조치의 경우 위반 사항을 인지 후에 신속히 자진 시정한 경우 과태료 등이 감경될 수가 있습니다. 셋째, 생계 곤란 및 경제적 어려움의 경우 영업정지 처분으로 인한 생계의 곤란이 명백한 경우 증빙 시 처분 감경이 가능합니다. 넷째, 교통안전교육 등 교육 이수의 경우 위반 후 관련 교육을 자발적으로 이수한 사실을 입증하고 제출하면 감경 사유가 됩니다. 다섯째, 긴급상황이나 불가피한 사유의 경우 다시 말해 식품 보관 오류 등이 일시적 · 비의도적으로 발생했음을 입증한 경우에 감경 사유가 인정됩니다.

행정처분을 낮추려면 컴퓨터에서 워드로 작성한 반성문 또는 감경 의견서와 같은 진정성 있고 구체적인 반성 의지를 표현하는 증빙 서류가 필요합니다. 시정 조치 사실을 증빙할 수 있는 자료로 시정 완료 증명서, 개선 계획서, 재점검 결과서 등이 필요합니다. 경제적 어려움 관련 입증 자료는 소득 증명서류, 세금 납부내역, 임대차 계약서 등이 필요합니다. 교육 이수 증명서는 식품위생 교육 이수증, 안전관리 교육 이수증이 필요합니다. 긴급 상황증명 자료로서 병원 진료 기록, 긴급 상황 신고서, 관련 진술 등은 감경 사유를 입증하는 중요한 자료가 됩니다.

감경사유는 단순 변명보다는 객관적이고 신뢰할 수 있는 자료로 뒷받침되어야만 효과적입니다. 감경 신청 시 제출 서류와 반성문 등은 심사 시 중요한 판단 근거가 되므로 신중히 작성해야 합니다. 다시 말해서 감경 여부는 위반 내용, 횟수, 제출 증빙과 반성 태도 등을 종합적으로 고려합니다. 따라서 영업정지 처분에 대해 감경을 요청할 경우, 위와 같은 사례 근거와 함께 실질적인 증빙 자료를 잘 갖춰 행정청에 제출하는 것이 더 중요합니다. 이렇게 하면 행정처분의 경감 가능성을 높일 수 있습니다.

생계곤란을 입증하기 위해 제출할 수 있는 자료에는 소득 관련 증빙(최근 1년간 급여명세서, 원천징수영수증, 사업소득확인서, 세금신고서류 등 본인 및 가족의 소득을 입증하는 서류), 재산증빙(부동산 등기부등본, 임대차 계약서, 자동차 등록증, 예금통장 거래 내역(최근 2년간), 금융 자산 증명서류(예금, 적금, 보험등), 부채 및 지출내역(대출 원리금 상환 내역, 각종 공과금 납부증명, 의료비 영수증, 기타 생활비 지출 증빙), 가족관계 증명서류(주민등록등본, 가족관계증명서, 제적등본 등 가족 구성과 부양관계를 입증하는 서류), 기타 특수 상황 증빙(장애인 증명서, 국민기초생활수급자 증명서, 병원 진단서 등의 긴급하거나 특수한 경제적 어려움을 입증할 수 있는 서류)를 제출하고 입증할 수 있습니다.

(3) 행정심판청구

식품 위생법 위반으로 영업정지의 처분을 받은 날로부터 90일 이내에 주소자 관할 구청·군청·시청에 행정심판청구서를 제출하여야 합니다. 행정심판청구서에는 영업정지 처분의 내용, 청구취지 및 청구이유를 구체적으로 명시하고 행정처분의 부당성이나 위법성을 입증할 자료를 첨부해야 합니다. 행정심판 청구와 함께 집행정지 신청서도 같이 제출할 수 있으며, 인용되면 심판 결정전까지 영업정지 처분의 집행이 정지되어 영업을 계속할 수 있습니다.

행정 심판청구서에는 영업정지 처분이 위법 또는 부당하다는 점에 대한 법적·사실적 근거를 제출하여야 하는 데 다시 말해서 절차상 하자, 위반사실 부존재 또는 경미성, 감경 사유 등을 구체적으로 설명하는 식으로 기재하여야 합니다. 감경 사유에는 단순 변명보다는 객관적이고 신뢰할 수 있는 자료로 뒷받침되어야 효과적입니다. 감경을 신청하려면 반성문 등은 심사 시 매우 중요한 판단 근거가 되므로 신중히 작성하는 것이 좋습니다. 다시 말해서 감경 여부는 위반 내용, 횟수, 제출 증빙과 반성 태도 등을 종합적으로 고려합니다. 영업정지 처분에 대해 감경을 요청할 경우, 근거와 함께 실질적인 증빙 자료를 잘 갖춰 행정심판청구서에 첨부해 제출하는 것이 더 중요합니다. 이렇게 하면 처분 경감 가능성을 높일 수 있습니다.

감경사유에는 초범, 적극 시정, 생계곤란, 긴급 상황 등의 감경 사유에 관한 증빙자료와 관련 증거 자료(사진, CCTV 영상, 계약서, 영수증, 진술서 등)를 구비하여 감경 사유를 뒷받침하는 것이 더 좋습니다. 다시 말해 행정심판위원회가 심리를 진행한 후 행정처분의 취소, 변경 또는 기각 등의 재결을 내리며, 재결은 청구인에게 통지됩니다. 감경 조치로 영업정지 기간이 단축되거나 과징금으로 변경되는 경우도 많습니다.

집행정지 신청이 받아들여지지 않으면 영업정지 처분의 집행으로 인해 상당한 피해가 발생할 수가 있으므로 조기에 대응하는 것이 더 중요합니다. 다시 말해 행정심판 결과에 불복할 경우에 행정소송을 제기할 수 있습니다. 식품위생법 위반 영업정지 처분에 대해 90일 이내 행정심판 청구서를 제출하고, 동시에 집행정지 신청을 통하여 처분의 집행 정지를 신청하며, 위법 · 부당 사유와 감경 사유에 대한 증빙 자료를 체계적으로 준비하는 것이 핵심입니다.

(4) 영업정지 처분 감경 사례

원래 6개월 영업정지 처분을 받았으나, 자본금의 미달 상태가 해소된 점과 과거 3년간 제재처분 이력이 없음을 인정받아 행정심판에서 추가 감경, 최종 3개월 영업정지로 경감된 사례도 있습니다.

청소년에게 주류를 판매한 경우 2개월 영업정지 처분이 1개월로 감경되거나, 미성년자 고용 등 위반 횟수 및 경위에 따라 영업정지 기간을 크게 단축한 사례들이 많습니다.

유통 기한이 지난 제품 보관 위반으로 15일의 영업정지 처분이 7일 또는 3일로 감경된 사례도 있습니다. 따라서 영업정지 2개월 처분이 15일로 대폭 감경된 사례 등이 있이 위반 행위의 성격과 고의성, 시정 노력 등에 따라 감경이 가능합니다. 이혼한 후 혼자 자녀를 양육하며 경제적으로 어려운 점을 상세히 증명하고, 청소년 탄원서 제출 등 적극적 대응으로 일부 영업정지가 과징금으로 대체되는 등 감경 받은 사례도 있습니다.

위반 동기의 부정적 요소가 적고, 위반 후 신속히 개선 · 시정한 경우, 최근 제재처분 이력이 없거나 경미한 위반인 경우, 경제적 · 사회적 어려움(생계곤란, 가족 상황 등)이 명백할 때, 관련 법령 · 규정 해석 착오 등 행정적 실수 또는 사정 인정, 적극적 의견제출, 반성문 및 증빙 서류 제출 등 행정절차에 충실히 협조한 경우, 영업정지 처분의 감경은 위반 내용과 경위, 위반 후 조치, 개인 및 사업장의 사정 등 다양한 요소를 종합 판단하여 결정됩니다.

감경을 기대할 경우 위와 같은 사항에 대한 충분한 입증 자료를 잘 준비하고, 적극적으로 이의신청 및 행정심판 절차를 활용하는 것이 더 중요합니다.

영업정지 처분의 구체적 사유를 명확히 파악하고, 위법 · 부당한 점을 법리적으로 꼼꼼히 검토하여 이의신청서나 행정정심판청구서 작성 시 논리적 근거로 활용하여야 합니다. 다시 말해 계약서, 거래 내역, 시정 조치 증빙, 반성문, 재무자료, 생계곤란 입증서류 등의 관련 자료를 보완하여 행정심판위원회에 제출함으로써 신뢰를 심어줍니다. 초범, 신속 시정, 생계곤란, 업계 동향 등을 근거로 감경 사유를 구체적으로 입증하여야 합니다. 이를 통하여 영업정지 기간 단축 또는 과징금 전환 가능성을 높일 수 있습니다. 행정심판청구 진행 중 영업정지 집행으로 인한 피해를 막기 위해 집행정지 신청서를 함께 제출하여 처분 효력 일시 정지를 정식으로 요청하여야 합니다.

(5) 영업정지를 과징금으로 전환

행정심판법 제32조 제3항, 행정소송법 제4조에 따르면 영업정지 처분에 대하여 과징금 부과 처분으로 변경 신청이 가능하기 때문에 행정심판청구에서 영업정지 처분을 과징금 부과 처분으로 변경을 청구할 수 있습니다. 다만 일부 법령이나 시행규칙별로 과징금 대체가 제한되는 경우가 있기 때문에 대상 여부를 명확히 확인해야 합니다.

사업장의 영업정지가 주변 주민 및 이용자에게 미치는 불편과 경제적 피해를 구체적으로 행정심판위원회에 설명하여야 합니다. 다시 말해서 과징금 대체의 필요성을 주장하여야 합니다. 위반 사실에 대한 진정성 있는 반성 및 신속한 시정 조치를 한 사실과, 초범이라는 사실, 재범 아니라는 것과 생계곤란 등 감경 사유를 명확히 입증하고 증빙자료를 함께 제출하고 설득시켜야 합니다.

매출액 등을 기준으로 산정된 과징금의 적정성을 분석하시고 산정기준과 금액이 합리적임을 강조하여야 합니다. 영업정지에 따른 사업 중단 손실과 비교하여, 과징금 부과가 사업자의 영업 지속과 이용자 편익 유지에 유리하다는 점을 설득력 있게 설명하여야 합니다.

제3장 청소년 술 담배 판매 영업정지 행정심판

1. 청소년 술 담배 판매

청소년(만 19세 미만)에게 술과 담배를 판매하는 경우에 관련 법률에 따라서 영업정지 등의 행정처분 및 형사처벌이 가능합니다. 그러나 최근 들어 청소년이 나이를 속여 판매한 경우 선량한 소상공인을 보호하기 위한 법령 개정이 이루어졌습니다. 따라서 청소년에게 술과 담배를 판매하는 행위는 청소년보호법 위반으로 기본 2년 이하의 징역 또는 2,000만 원 이하의 벌금이 부과되고 영업정지 처분도 가능하나, 나이를 속인 경우 소상공인이 신분증 확인을 제대로 했고, CCTV 등의 영상자료가 증거로 입증되면 영업정지 행정처분이 면제됩니다.

얼마 전까지만 해도 1차 적발 시 영업정지 기간이 2개월이었으나 이제는 법령 개정으로 7일로 크게 단축되어 시행되고 있습니다. 다시 말해 신분증 확인과정에서 폭행이나 협박을 당한 경우에도 소상공인 처벌 면제가 적용됩니다. 담배사업법 제17조를 비롯하여 청소년보호법과 식품위생법 등에서 이러한 규제를 기본으로 하며, 최근 들어 적극 행정을 통하여 억울한 사례가 없도록 만전을 기하고 있습니다.

따라서 청소년(만 19세 미만)에게 술과 담배를 판매한 경우에 원칙적으로 영업정지 행정처분이 가능하나, 소상공인이 술이나 담배를 팔 때 신분증을 확인하는 등 법적 의무 사항을 준수하였다면 영업정지 행정처분이 감경 또는 면제될 수가 있으며 영업정지 기간도 크게 단축되어 7일 이내가 될 수 있습니다. 다시 말해서 2024년 개정된 법령에 따르면 청소년에게 술과 담배를 판매해 1차 적발된 경우 기존 2개월이었던 영업정지 기간이 7일로 크게 단축되었습니다.

식품위생법 시행규칙과 청소년보호법 시행령 등의 여러 관련 법령에서 청소년에서 술이나 담배를 판매하여 1차 위반 시 영업정지 처분이 2개월에서 7

일로 완화되었습니다. 이를테면 영업자는 1차 적발 시 영업정지 외에 과징금 처분을 선택할 수 있게 되어, 경제적 부담을 줄이고 행정처분을 유연하게 적용하도록 했습니다. 이 법령 개정은 나이를 속인 청소년에게 술이나 담배를 판매한 선량한 소상공인 보호의 목적이며, 신분증 확인 등의 법적 의무 이행이 명확하고 입증되는 경우에 행정처분을 면제하는 규정도 마련되어 있습니다.

개정은 2024년 2월~4월 국무회의 의결 및 시행에 따라 적용되고, 과거 기처분도 완화 기준에 따라 재처분하거나 행정심판에서 완화 조치가 권고되고 있습니다. 다시 말해서 1차 청소년에게 술이나 담배를 판매하여 적발 시 영업정지 기간이 2개월에서 7일로 줄고, 영업정지 처분도 과징금으로 대체가 가능해졌기 때문에 소상공인의 부담이 크게 경감되었습니다.

2. 신분증 확인 증거 서류

청소년에게 술이나 담배를 판매할 때 법적 의무사항인 신분증 확인을 입증하는 데 사용할 수 있는 증거의 종류에는 CCTV 영상자료가 있어야 합니다. 판매 시점에서 신분증을 요구하고 확인하는 장면이 녹화된 영상이 증거가 됩니다. 신분증 사진 또는 복사본이 필요합니다. 고객이 제시한 신분증 자체의 사진이나 복사 자료를 첨부하고 입증할 수 있습니다. 판매 기록이 필요합니다. 전자 POS 시스템, 카드 결제 내역 등 판매 시각과 구매자 정보를 확인할 수 있는 기록을 첨부하여야 합니다.

신분증 확인 절차를 거친 사실을 CCTV 내역과 함께 구체적으로 진술한 서면이 필요합니다. 목격자 진술이 필요합니다. 판매하는 과정에 입회한 직원이나 제3자의 확인 진술을 첨부하면 좋습니다. 기타 행정처분 시 제출할 서류는 위생 교육 이수 증명, 관련법령 준수 교육 이수 증명서 등을 준비하여 제출하면 도움이 됩니다. 한편 영업정지 행정처분 또는 형사재판 시 디지털 또는 인쇄된 CCTV 영상 파일, 신분증 관련 자료는 명확하게 보관해 스캔 또는 복사본 형태, 진술서는 자필 서명 또는 작성자 확인 절차를 거친 문서 형태, 필요한 경우 공식 공증 또는 증빙자료를 정리, 전자제출 시스템이 있는 경우 해당 파일을 업로드하고, 물리 제출이 요구되면 정리된 문서와 파일을 별도 제출하면 됩니다.

통상적으로 신분증 확인을 실질적으로 했다는 점을 입증하려면 CCTV 등 객관적이고 명료한 영상 증거가 가장 중요하며, 핵심입니다. 판매자 및 목격자 진술은 보조자료로 활용됩니다. 법원이나 행정기관 요구에 따라 알맞은 증거를 여러 가지 방식으로 함께 준비하여 제출하는 것이 성공적인 입증에 도움이 됩니다.

3. 영업정지 이의신청

청소년에게 술이나 담배를 판매해 영업정지 처분을 받은 경우, 이의신청과 행정심판 절차를 통해 영업정지 처분 취소 또는 감경을 신청할 수 있습니다. 행정처분 사전통지(영업정지 예고) 단계에서 이의신청서를 작성해 관할 행정청(구청, 시청, 군청)에 제출합니다.

이의신청서에는 사실관계(신분증 확인 등의 법적 의무 이행이 명확하게 입증하여야 합니다), 증빙자료(예컨대 CCTV 영상자료, 진술서, 신분증 사본)를 첨부합니다. 이의신청이 받아들여지지 않으면 영업정지 처분 집행 후 90일 이내에 시·도 행정심판위원회에 행정심판을 청구할 수 있습니다.

4. 이의신청 핵심 증거

판매할 때 신분증 확인 장면이 고스란히 촬영된 CCTV 영상자료가 객관적 증거 중 가장 효과적입니다. 청소년의 신분증을 교부받아 실제로 확인했음을 증명하는 자료로 신분증을 복사한 근거도 효과적입니다. 그리고 판매 기록 및 거래 내역을 입증할 수가 있는 자료 POS 시스템이나 결제 기록 등의 판매 시점과 대상을 입증할 수 있는 자료도 효과적입니다. 판매자 본인과 직원, 목격자가 있으면 서면으로 신분증 확인 절차를 구체적으로 밝히는 진술서도 효과적입니다. 다시 말해 법적 의무를 다한 과정을 설명하고 증거 수집 시기 및 방법을 명확히 정리한 문서를 제출하면 좋습니다.

증거는 시간 순서에 따라서 사건 경과를 논리적으로 설명하는 데 배열해야 합니다. 증거 자료는 요약표를 작성하거나 증거설명서를 작성해 각각의 증거 의미와 목적을 간결하게 설명하는 것이 좋습니다. 이의신청서에는 적발된데 대하여 감정적인 주장 대신 법률적 근거와 객관적 자료 중심으로 작성해야 합니다. 주장할증거와 진술 내용을 일치시켜 신빙성 확보해야 합니다.

핵심증거에 대해서 우선 3~5개로 집중하고, 보조 자료는 부록으로 제출하는 것이 더 좋습니다. 이의신청에는 이러한 증거들을 잘 갖추어 이의신청서를 통하여 설명하는 식으로 작성하면 행정심판이나 행정소송을 제기하지 않고도 행정처분에 대한 취소를 시키거나 감경의 가능성을 높일 수가 있습니다.

첨부서류는 원본 또는 공증된 사본 형태로 제출 시 신뢰성 강화할 수 있습니다. 각 증거별 간단한 증거설명과 증빙 자료 목록을 이의신청서에 첨부하면 심리 시 이해를 돕고 유리하게 이끌어낼 수 있습니다. 한편 전자문서 제출도 가능한 경우가 많으므로 제출처 요구에 따라 파일 형식과 용량을 미리 확인 하고 제출하는 것이 좋습니다. 이의신청에는 무엇보다도 청소년에 대한 신분 증 확인 내용을 중심으로 확실한 입증자료를 준비하는 것이 핵심입니다. 증거 서류를 충분히 준비해 제출하시면 이의신청의 성공 가능성을 높일 수 있고 행정심판이나 행정소송까지 가지 않아도 목적을 달성할 수 있습니다.

5. 영업정지 처분

청소년에게 술과 담배를 판매할 경우, 관련 법령에 따라 영업정지 행정처분이 이루어집니다. 2024년 이후 개정된 규정에 따르면 1차 위반 시 영업정지 기 간이 기존 2개월에서 7일로 크게 단축되었고, 조건에 따라 과징금으로 대체 할 수 있는 선택권도 부여되었습니다.

영업정지 처분 절차는 첫째, 현장 적발 및 경찰 조사가 진행됩니다. 둘째, 행 정청의 사전통지(영업정지 예고), 이 단계에서 이의신청을 할 수 있습니다. 셋 째, 형사처벌(벌금, 기소유예 등) 진행됩니다. 넷째, 영업정지 처분 확정 및 집행이 됩니다. 다섯째, 처분에 불복할 경우 행정심판 청구가 가능합니다. 다 시 말해 영업정지 처분은 청소년에게 술이나 담배를 판매한 사실이 확인된 경우에 부과되며, 특히 신분증 위조나 도용 등 청소년이 고의로 나이를 속인 경우에는 처분이 면제될 수 있습니다.

판매자가 면제받거나 감경을 받으려면 청소년에 대한 신분증 확인 의무를 성실히 이행했음을 CCTV 영상, 진술, 신분증 사본 등 증거로 입증해야 합니다. 영업정지 처분을 받으면 1차 위반 시 7일, 2차 1개월, 3차 2개월의 영업정지 또는 영업허가 취소까지 이뤄질 수 있으며, 이의신청과 행정심판 절차를 통해 영업정지처분 취소 또는 감경을 시도할 수 있습니다. 영업주의 부담을 완화하기 위해 최근 법령은 적극적으로 개정되어, 억울한 처분을 줄이고 신분증 확인 노력에 따른 보호를 강화하는 추세입니다.

청소년보호법에 따르면, 청소년(만 19세 미만)에게 술과 담배 등 유해약물을 판매하는 행위는 3년 이하 징역 또는 3,000천만 원 이하 벌금 등의 형사처벌 대상입니다. 별도로 행정처분으로는 1차 위반 시 통상 7일(과거 2개월)이던 영업정지 처분이 있습니다. 2차, 3차 위반 시에는 영업정지 기간이 점차 증가하며, 최악의 경우 영업 허가 취소까지 가능합니다.

담배 판매는 담배사업법, 주류판매는 식품위생법 및 청소년보호법이 적용되며, 각 법령에 따라 영업정지 및 과징금 처분이 규정되어 있습니다. 판매자는 반드시 신분증 확인 의무가 있으며, 신분증 확인 사실을 객관적 증거(예를 들어 CCTV 영상자료)로 입증할 경우 영업정지 처분이 면제될 수 있습니다.

신분증을 위조하거나 도용했더라도 판매자가 그 신분증 확인 절차를 성실히 수행했음을 입증하면 처분이 면제 또는 감경됩니다. 경찰 적발 후에 행정청에서 영업정지 사전 통지서를 발송하며, 이 때 이의신청을 할 수 있습니다. 이의신청이 기각될 경우 90일 이내 행정심판 청구를 통해 영업정지 처분 취소 또는 감경을 신청할 수 있습니다.

6. 영업정지 면제 증거

영업정지 면제에 유리한 증거는 신분증 확인 증거가 필요합니다. 청소년에게 술과 담배를 판매할 때 신분증을 요구하고 확인한 객관적 증거 다시 말해서

CCTV 영상자료, 신분증 사본, 사진이 필요합니다. 청소년의 기망 행위를 증명할 수 있는 증거로 청소년이 위조 신분증을 제시하거나 나이를 속였다는 정황 자료 및 증언이 필요합니다. 영업자의 법적 의무 이행을 증빙할 수 있는 신분증 확인 절차를 철저히 이행했다는 내부 교육 기록, 관련 법령 준수 자료, 점포 내 신분증 확인 매뉴얼 등을 제출하시면 좋습니다.

경제적 어려움 및 사회적 영향 입증 자료도 필요합니다. 영업정지로 인한 경제적 피해사항, 가족 및 종업원의 생계에 미치는 영향, 동종 처분 이력이 없는 점을 설명하는 것도 좋습니다. 위반 후에 즉각적인 시정 조치를 한 내역도 필요합니다. 위반 사실을 발견 즉시 시정하고 재발 방지를 위해 마련한 개선 계획과 실행 증거도 많은 도움이 됩니다. 관련 법령 위반 전력이 없음을 증명할 수가 있는 자료도 필요합니다. 말하자면 과거의 준법 기록 등을 제출하여도 됩니다. 다시 말해 청소년에게 술과 담배 판매 시에는 엄격한 법적 책임이 따르겠지만, 신분증 확인 의무를 성실히 이행했다면 억울한 처분을 막거나 감경 받을 수 있는 구제 절차가 잘 마련되어 있습니다.

증거는 객관적이고 명확한 것이어야 효과적입니다. 다시 말해서 CCTV 영상 자료는 판매자가 청소년에 대한 신분증을 확인하는 그 의무사항을 입증하는 데 가장 강력한 입증 자료에 해당합니다. 컴퓨터에서 워드로 진심 어린 반성문을 작성하고 미래 재발 방지 계획을 포함한 서면을 제출하면 감경의 긍정적 요소가 됩니다.

행정심판이나 이의신청을 할 때는 청구 사유서를 구체적이고 논리적으로 작성해 법 위반 행위가 고의성이 없었음을 강조해야 효과적입니다. 그래서 증거 수집과 서류 구성을 체계적으로 준비하는 것이 유리하게 이끌어낼 수가 있습니다. 신분증 확인 의무를 성실히 이행했음을 입증할 수 있는 구체적이고 객관적인 자료와 함께, 고의성이 없고 개선 의지가 명확함을 보여주는 증거를 충분히 준비하시면 영업정지 면제를 받을 가능성이 아주 높아집니다.

7. 행정심판청구

청소년에게 술과 담배를 판매해 영업정지 처분을 받은 경우에 이의신청을 하고 이의신청이 받아들여지지 않은 경우 행정심판을 청구할 수 있습니다. 청소년 보호법, 담배사업법, 식품위생법에 따라 청소년에게 술과 담배를 판매하는 행위는 엄격히 금지됩니다. 1차 위반 시 기본 영업정지 기간은 7일에서 2개월이었으나 최근 개정으로 7일로 단축된 경우도 있습니다.

행정심판 청구는 영업정지 처분을 받은 후 90일 이내에 제출해야 하며, 행정심판청구서에는 처분에 대한 사실관계, 위법성 또는 부당성 주장하여야 하고, 그리고 청소년에게 술과 담배를 판매할 때 신분증 확인 등의 증거자료를 함께 첨부해야 효과적입니다.

심판청구서에 필수 기재 항목은 청구인의 인적사항, 피청구인(처분 행정청), 처분 내용, 처분 알게 된 날짜, 청구 취지 및 청구이유, 행정청이 고지한 불복 절차 이행 여부 등을 자세하게 기재하여야 합니다. 행정심판청구를 통하여 영업정지를 면제받기 위해서는 반드시 신분증 확인을 명확히 했다는 CCTV 영상, 신분증 사본, 진술서 등 객관적인 증거가 필수입니다.

청소년이 신분증을 위조 또는 도용한 경우 그 증거도 제출해야 합니다. 행정심판 과정에서 처분의 부당성, 고의성 부재, 경제적 피해 및 재발방지 조치 등을 구체적으로 입증하면 감경 또는 취소 가능성이 아주 높습니다. 다시 말해 청소년에게 술과 담배 판매 영업정지 처분을 받았다면, 신속히 영업정지 처분 사전통지 단계에서 이의신청 가능하며, 처분 확정 후에는 90일 이내 행정심판 청구 절차를 통해 구제를 모색하는 것이 바람직합니다.

철저히 입증할 준비서류와 그에 따른 증거를 수집하여 체계적으로 대응하는 것이 더 중요합니다. 행정심판청구를 할 때 영업정지 처분을 받았거나 처분이 진행 중일 때, 행정심판 청구와 동시에 혹은 청구 후라도 집행정지 신청을 하는 것이 좋습니다. 집행정지는 영업정지 행정처분의 효력이나 집행을 임시로 중단을 시키는 제도로, 행정처분으로 인한 회복하기 어려운 손해가 우려될 경우에 신청합니다. 관할 행정심판위원회 또는 처분청에 집행정지신청서를 제출하여야 합니다. 신청서에는 신청 취지와 원인, 집행정지를 요청하는 구체적 사유를 기재합니다. 실무에서는 행정심판 청구서와 함께 행정처분 집행정지 신청서를 제출하는 것이 일반적입니다. 집행정지신청은 행정심판위원회의 심리를 거쳐 집행정지 결정 여부가 정해집니다. 보통 30~60일 내에 처리되며, 인용 시 재결 때까지 영업정지 처분의 집행이 정지됩니다.

8. 영업정지 과징금 변경

청소년에게 술과 담배 판매로 인하여 영업정지 처분을 과징금 부과로 변경하거나 과징금 청구에 대해서 영업정지 처분을 받은 경우, 일부 행정청에서는 위반 경중과 상황에 따라 영업정지 대신 과징금을 부과할 수 있습니다.

과징금은 청소년에게 술과 담배를 판매한 위반 행위로 인하여 벌어진 이익 환수 및 제재 목적의 행정처분입니다. 영업정지 대신 과징금을 선택할 수 있는 제도로서 영업자의 경제적 피해와 피해 최소화를 고려한 제도입니다. 다시 말해서 행정심판을 통해 영업정지 행정처분을 과징금납입으로 변경 신청이 가능합니다.

청구절차는 먼저 영업정지 처분서 또는 과징금 부과 통지서를 받습니다. 영업정지 처분에 불복할 경우 90일 내에 관할 행정심판위원회에 행정심판 청구서를 제출합니다. 행정심판청구서 작성 시 영업정지를 과징금으로 변경해 달라는 신청을 포함할 수 있습니다. 다시 말해 청구서에는 법적 위반 경위, 위반 경중, 재발방지 노력, 경제적 피해 등을 구체적으로 입증할 수가 있는 객관적인 자료를 제출하여야 합니다. 행정심판위원회의 심의 결과에 따라서 영업정지 행정처분은 과징금 부과로 변경되거나 영업정지 처분이 그대로 유지될 수 있습니다.

과징금 부과 기준은 영업장 성격, 연간 매출액, 위반 횟수 등에 따라 산정됩니다. 동일 위반 이력이 없거나 위반 정도가 경미한 경우 감경이나 대상 변경 가능성이 높아집니다. 따라서 사전 통지 및 청문 절차에서 과징금 변경 신청 및 의견 제출이 매우 중요하며, 고의성 부재 및 신분증 확인 노력 등을 입증해야 가능합니다.

제4장 영업정지 처분 취소 행정심판 감경 과징금 이행청구

1. 영업정지 처분

영업정지는 행정기관이 영업자가 위법행위를 하였을 때 영업활동을 일정 기간 중지시키는 행정처분을 의미합니다. 영업정지는 주로 식품위생법, 공중위생관리법, 약사법, 의료법 등 업종별 법령에 근거하여 부과되며, 사업자의 경영활동에 큰 영향을 미치는 중대한 제재입니다.

행정기관의 영업정지처분 절차는 첫째, 위반 사실 적발 및 조사가 이루어집니다. 둘째, 처분 사전 통지서 발부 및 사업자의 의견서 제출 기회를 제공합니다. 셋째, 검찰청이 폐지가 됨으로써2026. 10.까지는 검찰청에 2026. 10.이후부터는 법무부 산하에 신설되는 공소청으로 사건 처리결과를 통보합니다. 넷째, 행정처분 통지서 발부로 영업정지 결정을 합니다. 다섯째, 사업자는 영업정지처분에 대해 집행정지 신청 및 행정심판 청구를 할 수 있습니다. 여섯째, 행정청과 사업자의 법적 다툼(행정청은 답변서 제출, 사업자는 반박, 심판재결 등)이 이루어집니다. 일곱째, 최종적으로 행정처분 확정 또는 구제 결정이 진행됩니다.

처분은 사업자의 경영권과 기본권 제한이므로, 경미한 위반이거나 고의성이 없을 경우 구제를 받을 가능성이 크고, 행정심판이나 행정소송을 통해 영업정지처분 취소나 감경을 신청할 수 있습니다. 집행정지 신청으로 영업정지처분 효력 일시 중지 후 영업의 계속도 가능합니다. 다시 말해서 영업정지처분은 법 위반 행위에 대한 행정적 제재로 엄격한 절차를 거쳐 시행되며, 처분에 불복 시 행정심판과 행정소송을 통한 구제 절차가 마련되어 있습니다. 그러므로 신속하고 구체적인 법적 대응이 가장 중요합니다.

영업정지 기간 중에도 영업을 계속하면 식품위생법 등에 따라 영업허가 취소 또는 영업소 폐쇄 처분을 받을 수 있습니다. 이런 경우에는 초기 단계부터 적극적으로 대응하는 것이 매우 중요하며, 한편 영업정지처분을 과징금으로 대체할 수 있는 경우도 검토 가능합니다. 주요 법령 위반에 따른 영업정지 사유는 다양하며, 식품위생법, 공중위생관리법, 의료법 등 여러 법령에서 규정하고 있습니다. 다시 말해서 병원 무자격자의 의료행위 시 형사처벌 및 영업정지 처분이 내려질 수 있으며, 이의가 있을 경우 행정심판이나 행정소송을 통해 구제를 신청할 수 있습니다.

영업정지 사유별 정지 기간 기준은 일반 원칙에 의해 위반 행위가 1년 또는 3년 이내에 반복되면 가중 처분이 적용됩니다. 같은 위반이 4차 이상일 경우 3차 위반 기준을 적용합니다. 위반 행위가 둘 이상일 경우에 무거운 처분 기준의 절반 범위 내에서 합산 가중할 수 있으며, 영업정지 최대 기간은 1년입니다. 고의나 중과실이 없는 경미한 위반이거나 처음 위반에 대해서는 감경할 수가 있습니다.

위반 사유가 부동산개발업 관리법 위반의 광고 미 표시의 경우에 1차 위반은 영업정지 3개월, 2차 위반은 영업정지 6개월, 3차 위반은 영업정지 1년입니다. 사업실적 미보고의 경우에 1차 위반은 경고, 2차 위반은 영업정지 1개월, 3차 위반은 영업정지 2개월입니다. 보고명령 불이행의 경우에 1차 위반은 경고, 2차 위반은 영업정지 1개월, 3차 위반은 영업정지 2개월입니다. 조사 거부 기피 방해의 경우 1차 위반은 영업정지 6개월, 2차 위반은 영업정지 6개월입니다. 전자상거래법 위반 예를 들어 전자문서 고지 누락의 경우 1차 위반은 영업정지 1개월, 2차 위반은 영업정지 3개월, 3차 위반은 영업정지 6개월입니다. 식품위생법 위반 다시 말해 위생관리 미흡의 경우 1차 위반은 영업정지 15일~1개월, 2차 위반은 2개월, 3차 위반은 3개월 이상이나 영업허가 취소가 가능합니다.

식품 위생법 등 각 법령별로 세부 사항이 다릅니다. 감경 기준은 고의나 중대한 과실이 아닌 경미한 위반이거나 최초 위반, 천재지변 등 불가피한 사유가 있을 경우 영업정지 기간을 반으로 감경하거나 면제 가능합니다. 한편 영업정지 대신 과징금 부과로 대체되는 경우도 있습니다. 다시 말해 영업정지 기간은 위반 횟수와 위반 행위의 종류에 따라서 달라지며, 1차 위반은 수일~ 수개월, 반복 위반 시 그 기간이 늘어나 최대 1년까지도 영업정지가 가능합니다. 구체적인 영업정지 기간 산출은 관련 법령과 처분 기준별 표준을 참고해야 합니다.

법령별 영업정지 기간은 식품위생법 식중독균 검출, 유해물질 소비기한 경과의 경우에 1차 위반은 영업정지 15일~1개월, 2차 위반은 영업정자 2개월, 3차 위반은 영업정지 3개월 이상 또는 영업허가 취소 가능합니다. 전자상거래 등 소비자보호법 전자문서 고지 누락 등의 경우 1차 위반은 영업정지 1개월, 2차 위반은 영업정지 3개월, 3차 위반은 영업정지 6개월입니다. 부동산개발업의 관리법 광고 미 표시, 안전점검 미 이행의 경우에 1차 위반은 영업정지 3개월, 2차 위반은 영업정지 6개월, 3차 위반은 영업정지 1년입니다. 음악산업진흥법 노래방 주류 판매 금지 위반 등의 경우에 1차 위반은 영업정지 10일~30일, 2차 위반은 영업정지 가중 시 최대 45일까지 가능(합산) 3차 위반은 영업정지 해당법 최대 3개월입니다. 건설산업기본법 무등록 하도급, 부실 시공의 경우에는 1차 위반은 영업정지 1~3개월, 2차 위반은 영업정지 3~6개월, 3차 위반은 영업허가 취소 가능합니다. 영화 및 비디오물 진흥법 상영금지 위반의 경우 1차 위반은 영업정지 3개월 이내(영업정지 3일/상영금지 1일)입니다.

영업정지 기간 기준은 위반 사유의 심각성, 고의성, 반복 여부, 법령별 세부 규정에 따라서 다릅니다. 위반 행위가 둘 이상이면 각각의 처분기준 중 무거운 처분을 적용하고, 합산하여 최대 1년까지 영업정지할 수가 있습니다. 감경 사유(고의성 없음, 경미한 위반, 처음 위반 등)는 영업정지 기간을 절반까지 감경 가능하고, 과징금으로 대체할 수도 있습니다. 이는 주요 법령과 일반적인 위반 유형에 대해 1차~3차 이상 위반 시 적용되는 영업정지 기간의 대략적 기준입니다. 구체적 사례에 따른 해당 법령 세부 시행규칙과 행정처분 기준을 반드시 확인해야 합니다.

음식업, 주류, 약국 등 주요 업종별 영업정지 기본 기간은 음식업의 경우 식중독균 검출, 유해물질, 소비기한 경과 1차 위반은 영업정지 15일 ~ 1개월, 2차 위반은 영업정지 1~2개월, 3차 위반은 3개월 이상, 영업허가 취소 가능합니다. 주류 판매 청소년(미성년자 만 19세 미만) 주류 판매의 경우에 1차 위반은 영업정지 60일, 2차 위반은 영업정지 90일, 3차 위반은 영업허가의 취소 또는 영업소 폐쇄 가능합니다. 약국, 약사법 위반(불법 조제, 무면허 판매) 1차 위반은 영업정지 1개월, 2차 위반은 영업정지 2개월 3차 위반은 3개월 이상, 면허 취소 가능합니다. 일반음식점 소비기한 경과 식재료 사용 `1차 위반은 영업정지 15일, 2차 위반은1개월 3차 위반은 3개월입니다. PC방 등 불법 흡연 허용 1차 위반은 영업정지 60일, 2차 위반은 감경 불가 3차 위반은 감경 불가합니다.

따라서 음식업에서 식중독균 검출 시 1차 위반은 영업정지 1개월, 유해물질·상한 제품 사용 시 영업정지 15일~1개월, 반복시 3개월 이상 영업정지나 허가 취소 가능합니다. 주류 판매 시 미성년자 주류 제공은 1차 60일, 2차 90일, 3차 이상에 대해서 허가 취소 처분 가능하며, 신분증 확인 절차 입증 시 감경 가능 약국은 약사법 위반 시 1개월부터 시작해 3개월 이상 영업정지 및 면허 취소가 이루어지며, 위반 정도에 따라 처분 기간은 조정 가능합니다. PC방 등에서의 불법 흡연 같은 경우도 일정 기간(예를 들어60일) 영업정지 처분을 받는 사례가 있습니다. 이러한 영업정지기간은 위반 횟수와 위반 종류, 법령별 세부 규정에 따라 다르므로 처분 시 구체적인 적용 기준을 참조해 감경 사유가 있으면 기간이 줄어들기도 합니다.

음식업에서 미성년자에게 주류 판매 적발 사례 중에서 신분증 위조 등으로 미성년자임을 인지하지 못한 경우 무혐의 처분이나 선고유예를 받아 2개월의 영업정지 처분이 모두 삭감된 사례가 있습니다. 방문객 연령 확인 불이행 시 2개월 영업정지 처분 통지받은 사안에 대해 행정심판을 청구하고 무혐의 인정받아 영업정지 처분이 취소된 경우도 존재합니다.

유통 기한이 경과된 식재료 사용 · 보관한 사례에 대한 1차 위반 시 영업정지 7일에서 15일, 2차 위반 시 영업정지 1~2개월, 3차 이상 위반 시 영업정지 3개월 이상의 영업정지 처분이 내려집니다. 법적 절차에 따른 이의신청이나 의견진술 기회 후 일부 사건은 감경 또는 영업정지 처분이 변경된 사례도 많습니다. 한편 유해물질 혼입, 이물 혼입, 위생관리 부적합 사례에 대하여 경미한 이물 혼입 시 시정명령 또는 영업정지 2~5일, 심각한 이물질 혼입은 10~20일 영업정지 기간 적용한 사례도 있고 반복 위반 시 기간 가중 또는 영업허가 취소가 된 사례도 있습니다.

청소년 고용 및 유해업소 운영 사례에 대해서 청소년 고용 적발 시 1차 위반 영업정지 45일(과징금 변경 사례 포함합니다), 2차 이상 시 더 강한 처분 가능합니다. 청소년 유해업소 운영 적발 시 영업정지 3개월 또는 영업허가 취소 가능합니다. 영업정지 기간 중 영업 행위 시 영업허가 취소나 영업소 폐쇄 조치로 이어지는 사례 많습니다.

영업정지 주요 사유는 법령 위반으로 의료법, 식품위생법, 약사법 등 관련 법률의 위반 행위, 미성년자에게 주류 판매 등 소비자 보호 법령 위반, 식중독균 검출, 소비기한 지난 제품 사용, 유해물질 포함 제품 취급 등으로 인한 인체 건강 위해 우려, 무면허 의료행위, 면허 범위 외 진료와 같은 의료법 위반, 행정명령의 불이행, 관계 공무원 직무 방해, 개설 후 3개월 내에 영업 개시하지 않거나 장기 폐업 · 휴업 신고 없이 영업 중단, 보험사기, 거짓 진료비 청구 등 불법 행위, 건설 · 건축업에서 무등록 하도급, 부실시공 등 법률 위반입니다.

2. 행정심판청구

영업정지 행정처분에 대한 이의신청 절차는 행정심판 청구가 대표적입니다. 따라서 영업자는 영업정지 처분을 받은 날로부터 90일 이내에 사업장 주소지 관할 구청이나 시청 · 군청 · 구청의 민원실에 행정심판 청구서를 서면으로 제출해야 합니다. 행정심판청구서에는 처분 내용, 청구 취지, 구체적인 청구

이유를 명확하게 작성하고 관련 증거자료(계약서, 거래내역, 사진 등)를 첨부하는 것이 더 중요합니다.

행정 심판청구 시 처분의 집행정지를 신청할 수가 있는데, 집행정지는 행정심판 기간 동안 영업정지 처분의 효력을 일시 중지시켜 영업을 계속할 수 있게 하는 중요한 제도입니다. 집행정지 신청은 행정심판위원회에 별도로 신청하거나 실무에서는 동시에 같이 신청하고 있습니다. 집행정지 신청은 공공복리에 중대한 영향이 없다는 점을 입증해야 합니다.

심판 과정에서는 행정심판위원회에 제출된 서류와 증거, 사업자의 진술 등을 토대로 영업정지 행정처분의 위법성 여부를 심사하며, 영업정지 처분이 부당하다고 인정되면 행정심판위원회가 영업정지 처분을 취소하거나 변경할 수가 있습니다. 행정심판결과에 불복할 경우에 행정소송을 제기할 수도 있습니다.

행정 심판은 행정심판청구서의 제출에 의하여 이루어지므로(영업정지 처분일로부터 90일 이내에 하여야 합니다) 행정심판청구서에는 영업정지 처분의 내용, 청구의 취지, 구체적 이유 및 증거의 첨부가 필수입니다. 행정심판청구서와 같이 집행정지 신청을 하여 심판 기간 중 영업정지 효력을 일시 중단하는 것이 중요합니다. 행정심판의 불복 시 행정소송을 제기할 수가 있습니다. 다시 말해 영업정지처분의 행정심판청구는 신속한 서면 준비와 증거 수집, 그리고 집행정지 신청을 통한 처분 집행 중단이 핵심이며, 승소 가능성을 높일 수 있습니다.

3. 인용될 주요 사유

영업정지 행정심판에서 인용될 수가 있는 주요 사유에는 처분 사유의 법적 근거 부족 또는 위법성을 입증하여야 합니다. 예컨대 영업정지 처분을 내린 법률이나 행정규칙이 적법하지 않는다거나, 법령상 요건을 충족하지 않은 경우를 말합니다. 사실관계 오인 또는 증거 부족을 입증하여야 합니다. 위반 사실에 대한 증거가 불충분하거나 조사과정에서 절차상 하자가 있어 처분이 부당한 경우를 말합니다. 과잉 처분 또는 형평성 결여를 주장하고 입증하여야 합니다. 위법사항이 경미하거나 고의성이 없는데도 과도한 영업정지 기간을 정한 경우를 말합니다. 절차적 하자가 있음을 지적하여야 합니다. 처분 통지 절차, 의견진술 기회 미부여 등 행정절차법상 절차가 제대로 준수되지 않은 경우를 말합니다. 공공복리와 사업자의 생계 고려 미흡한 사실을 밝혀내야 합니다. 처분이 국민의 안전과 공공복리에 미치는 영향과 대비해 처분이 지나치게 엄격한 경우를 말합니다. 구제사유 인정하도록 설명하여야만 합니다. 처분 이후 위법사항 시정 및 개선 의지 입증, 사업장 관리 상황 변화 등 실질적인 개선이 있는 경우를 말합니다. 행정심판청구 시 인용률이 높은 근거를 잘 정리해 처분의 위법성 또는 부당성을 입증하는 것이 인용 가능성을 높이는 핵심입니다. 또한 집행정지 신청을 함께 신청하여 심판 진행 중에도 영업정지 처분의 집행을 정지시키는 전략이 더 중요합니다.

인용 사유는 영업정지 처분의 법령 위반, 사실관계 오류, 과도한 처분, 절차 부당, 공공복리 대비 형평성 결여, 그리고 시정 노력 등이 매우 중요합니다. 풍부한 증거 확보와 논리적 주장이 승소에 결정적 역할에 기여 합니다. 다시 말해 행정심판청구서를 작성할 때는 사실관계를 명확히 기술해야 합니다. 영업정지 처분의 구체적 일시, 장소, 사건 번호 등 사건 경위를 시간 순으로 객관적으로 잘 정리해야 합니다.

처분의 문제점과 부당성을 논리적으로 서술하여 심판위원회에서 행정심판청구서만 읽고도 처분청의 영업정지 처분이 무엇이 잘못됐다는 것인지 이해하기 쉽게 작성해야 합니다. 그리고 법적근거 및 위법성을 강조해야 합니다. 해당 처분이 관련 법령, 행정절차법 등을 위반하였음을 구체적인 법 조항과 선례를 들어 설명하는 것이 좋습니다. 다시 말해 처분 근거 법령의 적용 오류, 법적요건 미 충족, 절차상 하자 등을 상세히 분석하고 설명하여야 합니다.

피해 및 불이익을 구체화하여 영업정지 처분으로 인해 발생한 경제적 손실, 사회적 신용 훼손, 사업 운영 차질 등을 사실에 기반 해 구체적으로 설명하고 모두 제시해야 합니다. 다시 말해서 구제 필요성을 강조하는 현실타당성 논리로 이끌어가야 합니다. 반드시 입증자료를 철저히 준비하여 행정심판청구서에 인용하고 증거로 모두 첨부해야 합니다. 말하자면 행정심판위원회에서 즉시 조사할 수 있는 처분통지서, 관련 계약서, 사진, 녹음, 진단서 등의 객관적 증거 자료를 잘 정리하여 청구서에 첨부하고 한눈에 확인할 수 있도록 번호 매겨 첨부해야 합니다.

법률 용어는 적절히 활용하되, 지나친 전문 용어 남용은 피하여 행정심판위원회의 이해를 돕는 식으로 작성하여야 효과적입니다. 감정적 표현 지양하고 반복 강조로 논리의 일관성 유지해 물이 위에서 아래로 자연스럽게 흐르듯 매끄럽게 설명하는 식으로 작성하여야 합니다.

예컨대 핵심 법적 근거 조항 인용할 때는 행정심판청구서를 통하여 "행정절차법 제41조에 의하면 처분 전 의견진술의 기회가 보장되어야 하나, 본 사건에서 이를 누락함으로써 절차적 하자가 발생하였다." 라고 기재하거나, 사실 오인 및 증거 불충분을 인용할 때에는 행정심판청구서를 통하여 "행정청의 위반 사실 인지는 객관적 증거 자료 없이 이루어져 위법하다." 고 지적하거나 과도한 처분을 인용할 때는 행정심판청구서를 통해 "위반 사실은 경미하나 90일 영업정지 처분은 형평성에 현저히 어긋난다." 고 주장하거나 시정 노력 강조를 인용할 때는 행정심판청구서를 통하여 "사건 발생 후에 즉시 위반사항을 시정하였고 재발방지 대책을 마련하였다." 라는 식으로 구체적이고 체계적인 행정심판청구서를 작성하시면 인용 가능성을 대폭 높이며, 집행정지 신청과 병행 시 처분 효력 정지 효과도 기대할 수 있습니다.

절차적 하자를 주장할 때에는 "행정절차법 제41조에 의하면, 행정청은 처분 전 해당 당사자에게 의견진술 기회를 반드시 부여해야 하나, 본 사건에서는 처분 이전에 충분한 의견 제출 기회가 제공되지 않아 절차적 하자가 발생하였으므로, 영업정지 처분은 위법하다." 라고 기재하면 됩니다.

사실 관계 오인 및 증거 부족을 주장할 때는 "행정청이 제시한 증거는 객관성이 부족하고, 피청구인(행정청)이 주장하는 시정 및 개선 조치에 대한 사실 관계도 명백히 입증되었으므로, 위반사실 인식에 오류가 있으며, 이에 근거한 영업정지 처분은 부당하다." 라고 기재하시면 됩니다.

과도한 처분 및 형평성 문제를 주장할 때에는 "비록 일부 위법 행위가 인정
되나, 그 경위와 정도가 미미하며, 동종사례의 대비 영업정지처분 기간이 지
나치게 길기 때문에 평등원칙 및 비례원칙에 위배되어, 처분의 일부 또는 전
부 감경되어야 한다." 고 기재하시면 됩니다.

4. 과징금 이행청구

영업정지 처분을 과징금으로 이행 청구하는 방법은 해당 법령에서 영업정지
처분 대신 과징금 부과 처분으로 변경할 수 있도록 규정한 경우, 행정심판을
통해 영업정지 처분을 과징금으로 변경 청구할 수 있습니다.

행정 심판법 제32조 제3항에 따르면, 영업정지 처분 취소 행정심판 청구 시
재결청이 처분을 취소하거나 변경할 수 있으며, 영업정지 처분을 과징금 부과
처분으로 변경하는 것도 포함이 됩니다. 다만, 행정심판법 제36조 제2항에
따라 과징금으로 변경할 경우 청구인에게 더 불리한 처분이 되어서는 안 됩
니다.

따라서 영업정지 처분을 받은 후 90일 이내에 행정심판을 청구할 때, 과징금
처분으로 변경해 달라는 청구 이유를 명확히 포함해야 합니다. 변경 청구에
따른 법적 근거, 과징금 부과 근거, 위반 행위 및 시정 조치 등을 서면으로
제출해야 합니다.

증거 자료를 철저히 준비해 과징금 부과가 더 합리적이고 유지되어야 할 사
유를 구체적으로 설명하여야 합니다. 영업정지 처분의 경제적 · 영업적 피해
를 금전적 과징금으로 대체하여 영업 지속이 가능하다는 점에서 사업자에게
훨씬 더 유리합니다.

그러나 법령상의 변경 요건과 불이익 변경금지 원칙을 충족해야 하므로, 과징
금 산정 기준과 위반 사실 등을 면밀히 검토하여야 합니다. 행정심판청구를
하였다고 해서 모두 과징금 변경이 인정되는 것은 아니며 인정하지 않는 사
례도 있습니다. 다시 말해서 영업정지 처분을 과징금으로 대체하는 것은 행정
심판을 통해 가능하며, 법령 근거와 청구서 작성, 증거 준비가 핵심입니다.

이 과정에서 불이익 변경금지의 원칙과 과징금 적정성 검토가 중요하며, 행정심판청구 시 함께 구체적으로 설명하는 식으로 주장해야만 합니다.

위반 행위를 적발한 관할 행정기관이나 인증기관이 과징금의 부과 대상 여부를 확인하고, 과징금 산정내역서와 관련 증빙자료와 함께 과징금 부과 요청을 합니다. 행정절차법에 따라 과징금의 부과 예정자에게 처분 사전 통지서를 발부하고, 의견 제출 기간(통상 20일)을 제공합니다.

검토 및 심의를 거쳐 과징금 부과가 결정되면, 과징금 부과 처분 통지서와 납부고지서를 당사자에게 등기 우편으로 송달합니다. 납부 기한 내 납부하지 않으면 독촉장 발송, 미납 시 국세징수법에 따라 강제 징수 절차가 진행됩니다. 과징금 부과 처분에 불복하는 경우, 통지일로부터 90일 이내 행정심판청구 또는 행정소송을 제기할 수 있습니다.

과징금 부과금액 산출내역서를 첨부하여야 합니다. 위반사항에 대한 확인서 및 위반 사실 증거자료(계약서, 신고서, 조사 결과 등)를 첨부해야 합니다. 과징금 산정 근거 관련 자료(법령 조항, 산정 기준서 등)를 첨부해야 합니다. 의견 제출 시 관련 의견서 및 보완자료 과징금 부과 처분통지서(행정기관 발행) 납부고지서(행정기관 발행) 이의신청 또는 행정심판청구 시 청구서 및 관련 증빙자료를 첨부하여야 합니다. 과징금 부과 절차는 행정절차법을 준수하며, 의견 제출 기회를 반드시 보장해야 합니다. 따라서 납부 연기나 분할 납부 신청도 관련 규정에 따라 가능하므로, 필요 시 별도 신청서를 제출해야 합니다.

재무제표를 제출해야 합니다. 최근 3년간의 재무상태표, 손익계산서, 현금흐름표(법인 및 개인 사업자 모두 해당), 세무 관련 서류를 제출하여야 합니다. 법인세 또는 소득세 신고서, 부가가치세 과세표준 증명서, 납세증명서 및 체납사실증명서, 은행 거래내역서를 제출하여야 합니다. 최근 1년간 모든 은행 계좌 거래내역 및 금융 거래 관련 증빙서류, 사업자 관련 자료를 제출해야 합니다. 사업자등록증명서, 영업장부 사본, 매출내역, 임대차계약서, 부동산 및 자산 관련 서류를 제출해야 합니다. 부동산 등기부등본, 자동차 등록원부 및 시가 확인 자료, 기타 부채 상황 증빙을 제출해야 합니다. 금융기관 대출

계약서, 채무 상환 협의서, 신용회복위원회 관련 자료(있을 경우)를 제출하여야 합니다.

과징금 납부 능력 여부를 객관적으로 입증하기 위해 위 재무자료는 필수적이며, 행정심판이나 이의신청 과정에서 변제능력의 부족을 주장할 때 반드시 제출해야 하는 기본 서류입니다. 추가로 경영 개선 계획서, 급여명세서, 임대료 납부 내역 등 보조 자료도 함께 준비하면 신뢰성을 높일 수 있습니다.

서류 작성 시에는 정확성과 일관성이 매우 중요하며, 소명 자료와 날짜, 금액 등의 세부 항목을 빠짐없이 기록해야 합니다. 제출서류별 필수 기재항목을 충실히 준비하는 것은 과징금 변제능력 입증에 있어 신뢰도를 크게 높이고 영업정지 처분을 과징금으로 대체할 수 있다는 판단을 받을 수 있습니다.

제출 순서로는 가장 중요하고 객관적 가치를 갖는 재무제표를 먼저 제출하고, 그에 근거하여 세무신고서, 은행 거래내역서 순으로 제출하는 것이 일반적입니다. 부채 관련 서류와 기타 경영상황 서류는 보완자료 및 설명자료로 뒤이어 제출하는 것이 좋습니다. 이와 같이 제출 순서 및 우선순위를 체계적으로 잘 정리해 제출하면 행정기관의 검토 효율과 신뢰도를 높일 수 있고 나아가 행정심판위원회에서의 판단자료가 핵심적으로 기여하게 됩니다.

영업정지 처분을 과징금으로 변경하는 요건에는 법령상 변경 가능 근거가 있어야 합니다. 해당 법령 또는 조례에서 영업정지처분 대신 과징금 부과 처분으로 변경할 수 있도록 규정하고 있어야 합니다. 다시 말해 폐기물관리법, 식품위생법 등 일부 법령에서는 영업정지 처분을 과징금으로 대체하는 조항이 있습니다.

행정 심판법상 변경 요건은 행정심판법 제32조 제3항에 따르면, 행정심판 재결청은 처분 취소심판청구가 이유 있다고 인정될 때 처분을 취소 또는 변경할 수 있습니다. 이때 영업정지를 과징금 부과 처분으로 적극적으로 변경하는 것도 포함됩니다. 그러나 행정심판법 제36조 제2항의 불이익 변경 금지 원칙에 따라 재결청은 청구인에게 불리한 재결을 할 수가 없으므로, 과징금 변경이 불이익이라고 판단될 경우 제한됩니다.

제5장 일반음식점 미성년자에게 주류 판매 영업정지 구제

1. 일반음식점

일반 음식점은 음식이나 식사류를 조리하여 판매할 수가 있고, 음주(술)까지도 허용되는 업종입니다. 일반음식점은 식품위생법 시행령에 따라서 명확히 규정돼 있으며, 식사와 함께 부수적으로 술을 판매할 수 있다는 점에서 휴게음식점과 차별화됩니다. 다시 말해 일반음식점은 식사류(밥, 국, 반찬 등)를 포함한 음식류를 조리 · 판매하는 영업 형태입니다. 영업 중 주류 판매도 가능하나, 유흥주점과 달리 손님의 노래 · 춤 등 유흥행위, 유흥시설, 유흥종사자는 허용되지 않습니다. 사업장 건축물 용도는 '근린생활시설' 이어야 하며, 대부분 식당, 족발집, 곱창집 등이 이에 해당합니다.

따라서 일반음식점을 창업하려면 시청 · 구청 · 군청 등의 관할 기관에 식품위생업 영업신고를 해야 합니다. 위생관리책임자는 건강진단 결과서 등 기본 제출 서류가 필요합니다. 일반음식점은 식품위생법 시행령 제25조 제1항 제8호 나목에 일반음식점 영업은 "음식류를 조리 · 판매하는 영업으로서 식사와 함께 부수적으로 음주행위가 허용되는 영업" 으로 규정됩니다. 일반음식점은 식당업 창업 시 가장 많이 선택되는 업종 중 하나입니다. 접근성, 영업 범위, 신고 절차 등에서 다른 음식점 유형과 차이가 있습니다.

2. 주류 판매 허용 기준

일반 음식점으로 영업허가를 받았다고 무조건 주류를 판매할 수 있는 것은 절대 아닙니다. 주류 판매를 위해서는 별도의 주류 판매업 면허 혹은 의제주류판매업 면허를 받아야만 합니다. 주류 판매업 면허는 세무서에서 주류 판매 신고를 통해 취득하며, 사업장 시설이 법령에서 정한 시설기준과 요건을 갖추어야만 합니다. 따라서 의제주류판매업 면허는 식품위생법에 따른 영업허가를 받은 장소에서 주류를 부수적으로 판매하는 경우에 신고하시면 면허가 인정됩니다.

사업자등록 신청 시 주류 판매 사실을 기재하거나 국세청 홈택스에서 의제주류판매업 면허 신청란에 체크하는 방식으로 신고하셔도 됩니다. 영업허가 또는 영업개시일로부터 30일 이내에 관할 세무서장에게 주류 판매 신고서 및 구비서류를 제출해야 합니다. 기존에 주류 판매 신고번호가 사업자등록증에 없으면 주류 판매는 불가능하며, 반드시 해당 신고번호를 발급받아야 합니다. 일반음식점에서만 주류 판매가 허용되고, 휴게음식점은 주류 판매가 불가합니다. 주류 판매는 식사와 함께 부수적으로 허용되는 것이므로, 유흥업장이나 주류판매 전문업소와는 별도의 법적 기준이 적용됩니다. 일반음식점에서 주류를 판매하려면 먼저 일반음식점 영업 허가를 받고, 관련 시설 요건을 갖춘 뒤에 관할 세무서에 의제주류판매업 면허를 신고하여 해당 신고번호를 사업자등록증에 부여받아야 합니다. 이 신고가 완료되어야 법적으로 주류 판매가 가능합니다.

3. 미성년자 주류 판매

일반 음식점에서 미성년자에게 주류 판매는 엄격히 금지되어 있으며, 이를 위반할 경우 형사처벌과 행정처분을 동시에 받게됩니다. 「청소년 보호법」 제28조에 따라 누구든지 청소년(만 19세 미만)에게 주류를 판매해서는 안 됩니다. 위반 시 2년 이하 징역 또는 2천만 원 이하 벌금에 처해집니다. 법적으로 주류를 판매하려는 자는 상대방의 나이와 본인 여부를 반드시 확인해야 할 의무가 있습니다.

미성년자에게 주류 판매 행위가 적발될 경우 청소년 보호법에 따른 형사처벌 외에도 식품위생법에 의거하여 6개월 이내의 영업정지나 영업허가 취소, 영업소 폐쇄 조치가 내려질 수 있습니다. 최근 개정안에 따라 신분증 확인 의무 이행 사실, 다시 말해 CCTV 증거 등이 확인되면 행정처분 면제 가능성이 있으나, 허술한 확인으로 적발 시 가중처분 됩니다.

일반 음식점을 운영하는 업주는 미성년자 여부 확인을 위해서 신분증 확인을 철저히 해야 하며, 종업원과 아르바이트생에게도 교육을 강화해야 합니다. 미성년자 주류 판매 적발 시 즉시 적극적인 대응을 해야 합니다. 따라서 일반 음식점에서 미성년자에게 주류 판매는 법적으로 금지되며, 적발 시에는 무거운 형사처벌과 행정 처분이 뒤따릅니다. 그러므로 신분증 확인 의무를 철저히 이행하는 것이 매우 중요합니다.

판례에도 술을 제공할 당시 미성년자가 포함되어 있었고, 영업자가 이를 인식 또는 예견했어야 함에도 '청소년에게 주류를 판매한 행위' 는 미성년자에게 주류 판매로 간주됩니다. 만약 나중에 미성년자가 합석했다거나 신분증 확인 후 추가로 술을 준 경우가 아니라면 위법성이 성립하지 않는다는 판례도 있습니다. 미성년자가 술을 마시게 한 사실만으로도 강력한 처벌 가능성이 있습니다.

미성년자에게 주류 판매가 적발될 경우 관련 법령에 따라 엄중한 형사처벌이 부과됩니다. 청소년보호법 제28조 및 제59조에 근거하여, 미성년자(만 19세 미만)에게 주류를 판매한 경우 2년 이하의 징역 또는 2,000천만 원 이하의 벌금에 처해집니다. 초범의 경우, 실제 선고되는 벌금은 대체로 50만 원~70만 원 사이가 많습니다. 한편 미성년자에게 술을 판매하거나 무상으로 제공하는 행위도 모두 처벌 대상입니다. 미성년자가 신분증을 위조하거나 변조해 술을 구매한 경우, 미성년자는 형법상 위조공문서 등의 혐의로 처벌될 수가 있으나, 대체로 훈방 조치에 그치는 경우가 많습니다.

형사처벌과 별도로 식품위생법 위반으로 1차 위반 시 영업정지 2개월, 2차 위반 시 3개월, 3차 위반 때에는 영업허가 취소 또는 영업소 폐쇄 조치가 내려집니다. 최근 행정처분 기준이 완화되어 1차 영업정지는 2개월에서 7일로 단축되는 추세입니다. 따라서 과징금 부과 방식도 선택할 수 있게 되었습니다. 영업주는 신분증 확인 의무를 철저히 준수하여 법적 책임을 미연에 방지하는 것이 중요합니다. 미성년자 주류 판매 적발 시 형사처벌로 징역 또는 벌금형을 받으며, 행정처분으로 장기간 영업정지까지 병행됩니다. 다시 말해 초범이라도 벌금형이 대체로 부과되며, 법적 대응과 예방에 각별한 주의가 필요합니다.

4. 형사처분 완료

미성년자에게 주류 판매로 적발되면 경찰 수사를 마치고 기소의견으로 2026. 10.까지는 검찰청으로 송치되고 2026. 10.이후부터는 공소청으로 송치가 되면 법원에서 형사판결(징역, 벌금 등)이 확정됩니다. 형사처벌이 결정되면 해당 내용이 행정처분의 근거로 활용됩니다.

5. 행정처분 사전통지

행정청(시청·군청·구청 지방자치단체)은 형사처분과 별도로 행정처분 대상자에게 문서로 처분 예정 사실을 사전통지 합니다. 통지서에는 처분 내용, 법적 근거, 의견 제출 기한(통상 10일 이상), 처분기관과 담당자 연락처 등이 포함됩니다. 한편 사전통지는 행정절차법에 따라 필수이며, 대상자에게 의견진술권이 보장됩니다. 의견 제출 및 청문 절차에는 대상자는 사전통지 후 정해진 기간 내에 서면 또는 구두로 의견을 제출할 수 있습니다. 영업정지나 영업허가 취소 등 중대한 처분 시에 청문 절차가 진행되기도 합니다. 행정청은 제출된 의견과 청문 내용을 검토해 최종 처분에 반영합니다.

6. 최종 행정처분 통보

행정청은 최종 행정처분을 문서로 확정·통보합니다. 문서에는 처분 사유, 법적 근거, 처분 내용 및 처분의 취소나 변경을 요구할 수 있는 절차와 기간 안내가 포함됩니다. 따라서 통상 형사처분 확정 이후 몇 주 내에 행정처분이 이루어집니다. 대상자는 처분일로부터 90일 이내에 행정심판이나 행정소송을 청구할 수 있습니다. 행정청은 불복 가능 절차와 기간을 통지서에 명확히 안내해야 합니다. 미성년자 주류 판매 등 형사처분이 종료된 후, 해당 내용을 토대로 행정처분 예정 통지서가 발송되고, 의견 제출의 기회를 거쳐 최종 행정처분(영업정지, 허가취소 등)이 문서로 통보됩니다. 이후 행정심판이나 행정소송으로 불복할 수 있는 권리도 보장됩니다.

7. 영업정지 구제

미성년자에게 주류를 판매하여 영업정지 처분을 받은 경우에는 행정심판을 통해 영업정지 구제 및 행정처분의 완화가 가능합니다. 청소년 보호법 또는 식품위생법 위반으로 1차 적발 시 기본 영업정지 기간은 2개월입니다. 다시 말해 기소유예 처분을 받거나 불가항력적인 상황에서 미성년자 주류 판매가 비의도적임을 입증할 경우 행정심판을 통하여 영업정지 기간을 1개월 그 이하로 줄일 수 있습니다. 최근 개정에 따라 1차 위반 시의 영업정지 기간이 최대 2개월에서 7일로 크게 완화되고, 따라서 영업정지 대신 과징금 처분으로 대체할 수도 있습니다.

(1) 행정심판 절차

영업정지 처분 통보 후 90일 이내 행정심판을 청구할 수 있으며, 행정심판 청구로 처분 집행 정지(영업정지 집행 중단) 신청도 가능합니다. 행정심판 청구는 영업주가 스스로 진행할 수 있습니다. 신분증 확인 의무를 성실히 이행했음을 CCTV 등 증거자료로 입증하시면 영업정지 처분 면제 또는 감면 가능성이 아주 높아집니다.

미성년자에게 주류 판매로 적발되었다면 경찰 조사 단계부터 철저히 대비하여 반성문을 제출하거나 소명자료의 준비 등 체계적으로 대응하는 것이 매우 중요합니다. 다시 말해 미성년자 주류 판매가 비의도적인 경우에 불기소 결정이 나거나 기소유예 처분 또는 선고유예 판결을 받으면 행정처분 면제 또는 감경 가능성이 매우 큽니다. 미성년자 주류 판매 적발로 인한 영업정지 처분은 행정심판을 통해 구제받을 수 있고, 최근 법령 개정으로 영업정지 기간이 대폭 줄어드는 등 완화 추세에 있습니다. 그래서 영업주로서는 신분증 확인 의무 준수와 적절한 법률 대응이 가장 중요합니다.

(가) 신분증 위조 입증 방법

신분증 위조 주장의 입증용 CCTV 영상지료에 대한 보관 기간은 일반적으로 30일 이내입니다. 다시 말해서 개인정보 보호법에 따른 원칙으로,

특별한 법적 근거가 없으면 CCTV 영상은 촬영일로부터 30일을 초과하여 보관할 수 없으므로 미리 확보해 두어야 합니다. 그러나 사건·사고와 관련해 증거로 사용될 명확한 이유가 있을 경우에 법적 절차에 따라 30일 이상 보관할 수 있습니다. 이 경우 보관 기간 연장의 사유, 보관 기간, 영상 대상 및 내용을 내부적으로 기록·관리해야 하며, 보관 목적이 종료가 되면 즉시 영상을 삭제해야 합니다.

영상자료로 CCTV 영상을 증거로 효력을 갖추려면 법원 영장 발부, 관리자 동의, 또는 수사기관의 적법한 절차를 거쳐 확보해야 합니다. 영상은 원본이어야 증거능력이 인정되며, 재촬영본은 원본이 없거나 제출 곤란한 특별한 사정이 있을 때만 법적 증거로 인정받을 수 있습니다. 다시 말해 미성년자 주류 판매 관련 분쟁 등에서 신분증 위조 주장을 입증할 CCTV 증거는 신속히 확보하고, 보관 기간 내에 법적 절차를 동시에 진행해야 합니다. 일반음식점의 경우 CCTV 영상은 촬영 후 일반적으로 30일까지만 보관되며, 사건 발생 시 가능한 한 빨리 법적 증거 확보 절차를 진행하는 것이 매우 중요합니다.

(나) 경찰에 영상자료 확보 요청

사건 또는 고소·고발이 접수된 경우, 경찰에 사건 경위 및 필요성을 설명하며 CCTV 영상 확보를 정식 요청합니다. 경찰은 수사 과정에서 필요한 CCTV 소유자에게 영상 제출 명령을 내릴 수가 있으며, 소유자가 거부할 경우 강제력이 발휘됩니다. 공공기관이나 방범용 CCTV는 경찰이 자체적으로 확보할 수가 있지만, 개인 업소 CCTV는 관리자 동의가 필수이며 거부 시 법원 절차를 이용해야 합니다.

민사소송 또는 형사절차에서 CCTV 영상이 중요한 증거인 경우, 법원에 증거보전신청서를 제출하여 영상을 사전에 보전할 수 있습니다. 증거보전신청서에는 장소, 날짜, 시간, 증거 내용 및 증거보전 필요성을 구체적으로 명시해야 하며, 법원 심사를 거쳐 보전명령이 내려집니다. 법원의 증거보전명령을 받으면 CCTV 소유자는 해당 영상을 파기하지 못하며, 영상 제출 의무도 이행하여야 합니다.

증거가 중요할수록 경찰 수사를 통해 영상 확보를 시도하고, 거부나 협조가 어렵다면 바로 법원에 증거보전신청을 해야 합니다. 증거보전신청은 법원에 서면으로 구체적인 증거 보전 필요성을 제출하는 절차로서, 보통 5일~10일 내에 결정이 내려집니다. 증거보전절차를 통해 미성년자 주류 판매 관련 신분증 위조 주장 입증에 필요한 CCTV 영상을 법적 효력 있게 확보할 수 있습니다. 다시 말해 영업정지 처분도 면제받거나 감경 받을 수 있는 것입니다.

미성년자가 위조 · 변조한 신분증을 사용해 주류를 구매했다면, 이 사실을 입증하는 증거(CCTV 영상 등)를 제출할 경우 행정처분을 면제받거나 얼마든지 감경 받을 수 있습니다. 행정조사 단계부터 신분증 확인 의무 이행 사실을 적극 증명해야 합니다. 초동 대응 단계에서 철저한 증거자료 준비와 행정심판 청구 및 집행정지 신청 등 법적 절차를 적극 활용하는 것이 중요합니다.

영업정지 구제는 단순히 처분을 피하는 것이 아니라 향후 영업 지속 및 소상공인 피해 최소화를 위한 핵심 전략입니다. 미성년자 주류 판매로 인한 영업정지 처분은 최근 완화 추세에 있습니다만 법적 구제를 위해서는 행정심판 청구 및 신분증 위조 주장 입증 등 꼼꼼한 증거 준비가 핵심이자 필수입니다.

(2) 영업정지 과징금 전환

미성년자에게 주류를 판매하여 영업정지 처분을 받은 경우에 2024. 4. 19.부터 시행된 식품위생법 시행규칙 개정에 따라서 미성년자에게 주류를 판매해 받은 영업정지 처분은 일정 조건하에 '과징금' 으로 대체할 수 있게 되었습니다.

영업정지 처분을 과징금으로 변경을 신청하는 방법은 1차 미성년자에게 주류 판매 위반 시 기존에는 영업정지 2개월 처분이었으나, 개정 후 7일로 단축되고 영업정지 대신 과징금 처분으로 전환할 수 있습니다. 과징금으로 전환 받으려면 해당 영업정지 처분을 받은 후 관할 구청 · 시청 · 군청에 과징금 전환 신청을 해야 합니다. 과징금 전환 신청서와 함께 정당한 사유 (예를 들어서 신분증 확인 철저, 우발적 위반 등)를 제출하는 것이 훨씬 더 유리합니다.

행정처분을 받은 후에 행정심판 청구 시점에도 과징금 전환을 함께 요청할 수 있으며, 행정심판 과정에서 과징금 전환 결정이 내려질 수도 있습니다. 그러나 3차 이상 위반을 하거나 과징금을 체납 중일 경우에는 과징금 전환 신청이 불가하며, 영업정지 처분이 그대로 적용됩니다. 불성실한 신분증 확인 등 고의 · 반복 위반은 과징금 전환 대상에서 제외되므로 주의하셔야 합니다.

영업정지 대신 과징금으로 변경하면 영업 중단 없이 계속 운영할 수 있기 때문에 일반음식점을 운영하시는 소상공인의 부담이 크게 줄어듭니다. 2024. 4. 19.부터 개정된 법령에 따라 미성년자 주류 판매 시 1차 위반은 영업정지 처분을 과징금으로 바꾸는 신청이 가능하며, 관할 행정기관에 신청서를 제출해 절차를 밟으면 됩니다. 다만 3차 이상 위반을 하거나 과징금을 체납 중일 경우에는 과징금 전환 신청이 제외됩니다.

(가) 과징금 산정 기준

과징금은 주로 일반음식점 사업주의 전년도 1년간 총 매출액을 기준으로 산정합니다. 신규 사업이거나 휴업 등으로 전년도 매출액 산정이 어렵다면 분기별, 월별, 일별 매출액을 연간 총 매출액으로 환산하여 산정합니다. 1일당 과징금 금액은 해당 연간 매출액 구간별로 법령에 정해진 기준 금액(예를 들어 16만 원, 23만 원 등)을 곱해 산출합니다. 총 과징금 산정은 1일당 과징금 금액에 영업정지 처분 일수를 곱해 계산합니다. 다시 말해 연간 매출액 1억 2천만 원이고, 영업정지 30일인 경우에 1일당 과징금 16만 원×30일=480만 원이 됩니다.

(나) 과징금 예상 금액 확인

관할 식품위생 관련 행정기관이나 행정심판 담당부서에 문의하면, 해당 매출액과 위반 내용에 따라 예상 과징금 금액을 안내받을 수 있습니다. 온라인에서 제공하는 과징금 계산기(예컨대 영업정지 과징금 계산기)를 활용하면 간편하게 예상 금액을 산출할 수가 있습니다. 과징금은 매출액 구간별 1일 과징금 금액에 영업정지 일수를 곱해 산정하며, 전년도 매출액이 주요 산정기준이 됩니다. 예상 금액은 행정기관 문의나 온라인 계산기로 확인할 수 있습니다.

(3) 과징금 부과에 대한 이의신청

과징금 부과 처분 통지를 받은 날부터 90일 이내에 이의신청서를 행정기관(시청·구청·군청)에 제출해야 합니다. 90일이 지나면 이의신청 자체가 각하되어 본안 심리 없이 기각될 수 있으므로 반드시 기한을 엄수해야 합니다. 이의신청서는 서면으로 작성해야 합니다. 별도의 정형화된 양식이 없을 경우 A4 용지에 작성할 수가 있습니다. 과징금 부과 처분을 받은 납부고지서 사본 또는 처분 통지서, 이의신청 사유를 상세히 기술한 진술서 또는 의견서를 첨부, 관련 증빙자료는 신분증 위조 주장 입증 자료, 매출 증빙, CCTV 영상 등을 첨부하여야 하고 기타 행정기관에서 요구하는 서류를 빠짐없이 준비하여 첨부해야 합니다.

이의신청서는 과징금 부과 처분을 한 행정기관 또는 지방자치단체 민원실에 직접 방문 또는 우편 제출도 가능합니다. 일부 기관은 온라인 민원 시스템을 통해 접수도 가능합니다. 제출된 이의신청서는 접수 후 담당부서에서 심사하여 처분 변경 여부를 결정합니다. 이의신청 결과 처분이 변경되지 않은 경우, 변경 결과 통지서를 받으면 90일 이내에 행정심판 또는 행정소송을 제기할 수가 있음을 안내를 받습니다, 과징금 이의신청은 처분받은 날로부터 90일 이내에 사유와 증빙을 갖춰 행정기관에 서면으로 제출해야 하며, 이의신청서, 처분통지서 사본, 관련 증빙자료를 함께 제출하는 것이 필요합니다.

제6장 영업정지 처분 행정심판 구제 절차

1. 영업정지 처분

사회 경기가 좋지 않으면 가장 큰 타격을 받게 되는 직업은 식당이나 식품접객을 하시는 분들입니다. 한편 음식점이나 식품접객업소의 영업정지 처분은 생계와 직결이 되는 문제로 어떻게 헤쳐 나가야 할지 정말 막막하실 겁니다. 식당을 운영하는 분들이 영업정지 처분을 받는 이유는 여러 가지가 있지만 가장 안타까운 경우는 미성년자(청소년 만 19세 미만)에게 주류를 판매했을 경우가 가장 많은 편입니다.

미성년자가 술을 먹기 위해 주민등록증을 가짜로 만들고 방문을 한다면 그것을 제대로 확인을 하지 못했다면 청소년보호법에 따라 처벌을 받을 수밖에 없습니다. 다시 말해 식당이나 식품접객업소는 식품위생법과 관련하여 규제를 받고 있기 때문에 준수사항을 위반하게 되었을 때 영업정지 처분을 받게 될 수도 있는 것이며 심한 경우는 영업소 폐쇄라는 처분이 내려지기도 합니다.

영업정지 처분이 내려진 뒤라면 누구든지 어떻게 대처를 해야 식당이나 식품접객업소의 영업정지 처분에서 벗어날지 그 정보를 알고 싶을 겁니다. 다시 말해 식품위생법 제44조를 위반했다면 첫째, 청소년을 유흥접객원인 직원으로 고용을 해서 유흥 행위를 하게 했거나, 둘째, 미성년자의 출입과 고용이 불가능한 업소에 미성년자를 들이거나 고용을 했을 경우 셋째, 미성년자에게 주류를 주는 행위로 나누어집니다.

따라서 일하는 직원들이 많거나 제대로 된 시스템이 갖추어진 주류 판매점이라면 미성년자(청소년 만 19세 미만)들을 걸러내기가 쉬운 일일 수도 있으나 작은 식당의 경우에는 미성년자인지 일일이 확인을 하며, 영업하기란 그렇게 쉬운 일은 아닙니다. 아주 작은 식당의 경우에는 홀과 주방을 오가며 식당일을 혼자서 하는 분들도 상당히 많기 때문에 이러한 상황에 더욱 취약할 수밖에 없는 열악한 환경 속에서 적발되어 영업정지 처분을 받는 분들이 대부분입니다.

영업정지 처분을 받게 되면 영업정지를 대체하여 과징금으로 전환이 되는 것도 말처럼 그렇게 쉽지만 않습니다. 그리고 영업정지가 풀릴 그때까지 기다리는 동안 업주에게는 큰 손실이 발생할 수밖에 없습니다. 정말 최산을 다해 신경을 썼음에도 이러한 상황이 벌어지고 적발되었다면 식당이나 식품접객업소 영업정지 처분 청구를 하면 우선 생계와 관련된 문제나 시급하다는 것은 잘 아실 겁니다.

영업정지는 법령 위반 시 행정청이 사업자의 영업을 일정 기간 중지시키는 행정처분입니다. 위반 내용에 따라 영업정지 기간과 처분이 달라집니다. 영업정지는 사업자가 일정 법령을 위반하면 행정관청이 일정 기간 동안 영업 활동을 강제로 제한하거나 중단시키는 행정조치입니다. 위반 행위의 동기, 내용, 정도에 따라서 정지 기간이 달라지며, 반복 위반 시에는 영업소 폐쇄까지 명령될 수 있습니다.

주요 위반 사례와 처분은 미성년자에게 주류 판매 시 1회 적발은 2개월, 재적발 시 3개월, 3회 적발이면 영업장 폐쇄 등의 처분이 내려집니다. 다시 말해 식중독균 검출, 소비기한 경과 제품 사용 및 보관, 무자격자 의료행위, 허위진료비 청구 등 업종별로 처분 사유가 다릅니다. 영업정지 기간은 사유에 따라서 7일 ~ 6개월 또는 그 이상이며, 반복적 위반이나 중대 위반은 허가 취소 · 폐쇄로 이어질 수 있습니다.

2. 절차 및 대응 방법

영업정지 처분은 사전통지서 · 의견서 안내 발부, 업주의 의견 제출, 행정심판 청구, 집행정지 신청 등 단계적 절차를 거칩니다. 영업정지 처분이 지나치거나 위법하다고 판단되면, 과징금 대체, 행정심판 또는 행정소송으로 구제 및 감경을 신청할 수 있습니다. 의견서에는 영업정지 처분의 사실과 다른 점, 과도한 제재 근거, 정상참작 자료 등을 포함해야 효과적입니다.

3. 행정심판 및 행정소송의 구제

영업정지 처분에 대한 행정심판은 처분통지를 받은 날부터90일 이내에 행정청(시청 · 군청 ·구청)을 상대로 시 · 도 행정심판위원회에 제기할 수 있고 평균 2~3개월이 소요될 수 있고, 행정소송은 그 이상 소요될 수가 있습니다. 행정심판은 처분사유의 부존재 · 절차적 하자 · 재량권 남용 등이 주요 쟁점입니다. 초기 대응이 사업의 존립과 신뢰에 중대하게 영향을 미치므로, 사실관계 정리와 절차적 하자 검토가 중요합니다. 영업정지는 단순한 행정 경고가 아닌 실제 매출, 평판, 신용에 큰 영향을 미치는 제재로 반드시 신속하고 정확한 대응이 필요합니다.

4. 주요 감경 사유

법령해석상의 착오 등으로 위반 행위를 한 후에 시정을 완료한 경우 다시 말해서 위반 내용을 시정하여 정상적으로 개선된 경우 감경이 가능합니다. 최근 3년 이내 제재처분을 받은 사실이 없는 경우 예컨대 과거 위반 이력이 없어 영업정지 처분 경중을 완화됩니다. 영업정지 기간 감경을 위한 관련 교육 이수한 경우 이를테면 건설사업자의 경우에 대표자나 임원이 건설업 교육을 이수하면 최대 15일 감경 가능합니다. 영업정지 처분 횟수 및 위반 동기, 위반 내용의 경미함 등도 감경 요소로 작용, 감경은 통상 영업정지 기간 중 1개월 단위로 이루어지며, 가중 · 감경 사유별로 1개월씩 조정 가능합니다.

동일 위반 사유에 대한 반복 처분 시 감경이 제한되고, 위반이 중대하거나 고의 · 은폐가 밝혀지면 감경이 불가하거나 가중 처분됩니다. 행정청이 감경 사유를 고려하지 않거나 오인하면 재량권 일탈 · 남용으로 영업정지 처분이 위법하므로 행정소송을 제기하여 취소시킬 수 있으므로 감경 신청 시 의견서 제출, 증빙 자료(교육 수료증, 시정 완료 증명 등)를 철저히 준비하는 것이 가장 중요합니다.

위반 행위가 중대한 고의나 과실이 아니라 단순 부주의, 착오, 경미한 위반에 해당하는 경우 감경이 인정됩니다. 피해가 크지 않고 사회적 위험이 제한적일 때 감경 사유로 작용합니다. 위반 사실을 인지한 후 즉시 시정하고 재발 방지를 위한 조치를 취한 경우에 행정기관은 이를 정상참작하여 감경을 인정하는 경향이 높습니다. 영업정지 처분 대상자가 일정 기간 동안 위반 기록이 없다거나 관련 법령을 성실히 준수한 이력이 있으면 감경 사유로 인정됩니다. 사업자에게 경제적 어려움과 재정 상태가 매우 나쁜 것으로 증명될 경우, 과도한 행정처분이 사업 존속에 치명적임을 감안하여 감경하는 사례가 많습니다. 다시 말해 법정 의무 교육의 이수, 법 위반 사실의 자진 신고는 영업정지 처분 감경의 중요한 요소로 작용하며, 이를 통해 재범 방지 의지를 보인 것으로 평가받습니다. 위반 동기가 고의가 아닌 경우나 혹은 동기와 상황에 참작할 만한 사정이 존재할 때 감경될 수 있습니다.

감경 인정된 사건들의 공통점은 단순 부주의(고의 없음), 위반 후 즉각적 시정, 준법 경력 존재, 경제적 어려움 증명, 법정 교육 이수 및 자진 신고, 위반 동기와 경중에 대한 정상참작 등이 핵심 사유로 작용했다는 점입니다. 이러한 감경 사유들은 행정처분의 공정성과 합리성을 높이며, 사업자에게 구제의 기회를 제공하는 역할을 합니다. 영업정지 감경 청구 시, 위반 행위 경위와 시정, 경제적 상황, 교육 이수 등 관련 자료를 철저히 준비하여 제출하는 것이 성공 가능성을 높이는 전략이라 할 수 있습니다.

5. 행정심판 청구

영업정지 행정심판은 영업정지 처분의 통지를 받은 영업자가 해당 처분이 위법하거나 부당하다고 판단될 때 그 취소나 변경을 구하는 절차입니다. 행정심판은 처분 받은 날로부터 90일 이내에 행정청(시청 · 구청 · 군청 등의 지방자치단체) 민원실에 행정심판청구서를 제출해야 하며, 행정심판청구서에는 행정처분 내용과 청구취지, 청구이유를 구체적으로 작성하고 관련 증거를 첨부하는 것이 더 중요합니다.

행정심판을 청구하더라도 행정처분의 효력은 자동으로 정지되지 않기 때문에 영업정지 처분 집행정지 신청서를 별도로 제출하여 심판 기간 동안 처분의 효력을 일시적으로 중단시킬 수 있습니다. 다시 말해 행정심판위원회는 서면 심리 또는 구술 심리를 통해 사건을 조사한 후 결정하며, 그 결정에 불복할 경우 행정소송으로 갈 수 있습니다.

영업정지 처분의 행정심판을 청구할 때는 처분 사유를 명확히 확인하고, 위법·부당함을 입증할 수 있는 증거의 수집 및 논리적 주장이 핵심입니다. 행정심판청구서를 작성할 때는 행정심판위원회에서 청구서만 읽고도 행정청에서 한 영업정지 처분은 어떤 이유에서 왜 부당하고 위법한 것인지 쉽게 이해할 수 있도록 설명하는 식으로 작성하되 관련 증거 제출, 집행정지 신청 등 행정심판 절차 전반에 효과적으로 대응하여야 효과적입니다.

행정심판청구는 영업정지 처분을 받은 날로부터 90일 이내에 행정청(시청·군청·구청)에 제출해야 하고, 행정심판청구서에는 행정처분의 내용, 청구취지, 구체적 이유 및 증거를 첨부해야 하고, 별도로 영업정지 행정처분 집행정지 신청을 하여 행정처분의 효력을 일시 정지하여야 하고, 행정심판 결과에 불복 시 행정소송을 제기할 수 있으므로 철저히 관련 증거를 확보하여 진행하는 것이 더 좋습니다.

6. 행정심판의 핵심 논점

영업정지 처분의 행정심판청구서가 제출되면 행정심판위원회에서는 행정처분의 적법성 및 사실관계를 판단의 근거로 삼는 것은 위법 행위가 실제 발생했는지, 단순 실수인지, 고의성이 있는지 여부가 핵심쟁점입니다. 그리고 증거에 대한 신빙성과 증거능력을 판단하려면 CCTV, 목격자 진술서, 내부 기록 등의 체계적인 증거의 확보가 필요합니다. 다시 말해서 행정처분이 과도하거나 부당한지 여부, 해당 영업장 특수 상황(매출 손실, 피해자의 주장 등)을 검토하여 고려할 수 있도록 설명해야 합니다.

행정심판에서 승소하여 목적을 달성하려면 처분 사유의 위법·부당성을 입증하는 증거를 보다 철저히 준비하고, 아울러 집행정지 신청 등 절차적 제도를 적극 활용하며, 행정처분의 위법하고 부당에 대한 논리적이고 체계적인 주장을 펼치는 것이 더 중요합니다. 실제 사례들을 보면 모두 철저한 증거 조사와 합리적인 해석이 행정심판이 받아들여지는 관건임을 보여줍니다.

처분 사유 부존재 또는 사실오인을 입증하여야 합니다. 실제 법 위반 행위가 없었거나 단순 실수로 인한 일시적 문제임을 증명합니다. 처분 근거가 된 증거가 불충분하거나 신빙성이 없음을 논증합니다. 절차상 하자를 주장해야 합니다. 행정처분 과정에서 절차적 하자가 있었음을 입증해 처분의 위법성을 강조합니다. 행정청의 조사 부적정, 통지 위반, 청문 절차 미 준수 등이 주요 논점입니다.

영업정지 처분이 과도하거나 부당하다고 주장하여 감경 또는 취소를 요청합니다. 다시 말해 영업장의 특수 상황, 경제적 피해, 사회적 영향 등을 근거로 사용합니다. 그리고 집행정지 신청을 통한 실익 확보해야 합니다. 심판 결정 전까지 영업정지 처분의 효력을 일시 정지하여 영업 지속과 피해의 최소화를 실현합니다. 중요한 것은 CCTV, 내부 문서, 진술서 등 다양한 증거를 철저히 수집 및 정리해야 합니다. 논리들은 처분의 적법성과 사실관계, 절차적 정당성이 모두 주요 쟁점임을 이해하기 쉽게 설명하시고 철저한 증거 준비로 행정심판청구의 인용 가능성을 높이는 전략을 세워야 합니다.

7. 사실관계 핵심 증거

중요 사례에 의하면 해당 업체 또는 영업자가 행정처분 대상이 된 위반 행위가 실제로 있었는지 여부가 쟁점이 되었습니다. 일부 사례에서는 위반 행위 자체가 없거나 단순 실수 또는 오인에 의한 처분이었습니다. 다시 말해 행정청의 조사 및 처분 과정에서 절차적 하자가 발생한 경우들이 많았습니다.

행정심판에서 인용된 그 사례를 살펴보면 증거확보 과정에서 CCTV 영상, 진술서, 내부 문서 등이 중요한 핵심역할을 했습니다. 영업정지 처분이 과도하거나 부당하다는 점을 매출 손실, 영업 피해 등을 근거로 주장했고 인용되었습니다. 집행정지 신청으로 처분 효력을 일시 중단하며 영업을 그대로 유지한 사례도 많았습니다. 다시 말해 실제 위반 여부와 절차적 적법성, 증거의 신빙성, 처분의 비례성 등이 중요한 사실관계이자 다툼의 핵심이었으며, 이를 입

증하기 위한 철저한 증거 수집과 합리적 주장의 준비가 행정심판을 유리하게
이끌어낸 중요한 기초가 되었습니다.

8. 구제 절차

(1) 처분 확인 및 사실관계 정리

영업정지 행정처분에 대한 구제 절차는 먼저 영업정지 처분서의 사유, 적
용 법조항, 영업정지 기간을 정확히 확인하고 영업정지 처분의 적법성 및
사실관계를 보다 철저히 분석하고 검토하여야 합니다. 다시 말해서 영업자
가 행정처분 대상이 된 위반 행위가 실제로 있었는지 살펴봐야 합니다. 위
반 행위 자체가 없거나 단순 실수 또는 오인에 의한 처분이거나 행정청의
조사 및 처분 과정에서 절차적 하자가 발생한 것은 없는지 확인해야 합니다.

(2) 행정심판 청구

행정처분에 불복이 있거나 인정할 수 없으면 영업정지 처분을 받은 날로부
터 90일 이내에 관할 행정청(시청 · 군청 · 구청)의 민원실에 행정심판청구
서를 제출해야 합니다. 행정심판청구서에는 행정처분의 내용, 청구취지, 구
체적 이유와 관련 증거(예를 들어 계약서, CCTV 등)를 첨부하여야 합니
다. 한편 행정심판은 비교적 신속하고 비용 부담이 적으며, 행정처분의 취
소나 정지 기간의 감경 등의 결과를 기대할 수 있습니다.

(3) 집행정지 신청

행정심판 청구와 동시에 집행정지 신청서를 제출하여 행정심판의 결과가
나올 때까지 영업정지 처분의 효력을 일시 중단을 할 수 있습니다. 영업정
지 집행정지 신청은 행정처분으로 인한 사업자의 심각한 피해를 방지하기
위한 절차입니다.

(4) 행정소송 제기

영업정지 처분의 행정심판 결과에 불복하는 경우, 처분 사실을 알게 된 날
부터 90일 이내에 행정소송을 제기할 수가 있습니다. 행정소송은 법원에서

처분의 위법성 여부를 최종 판단하는 절차로, 더 강력한 법적 구제를 받을 수 있습니다. 다만, 행정소송 중에도 행정처분의 효력이 자동 중단되지 않으므로 별도의 집행정지 신청이 필요합니다.

따라서 영업정지 처분 구제는 행정처분 확인 ▷행정심판 청구 및 집행정지 신청 ▷필요 시에 행정소송 제기로 이어지는 절차를 따르며, 특히 청구 기한 준수와 증거 자료 준비, 집행정지 신청이 필수적입니다.

(5) 영업정지 과징금 전환

영업정지 처분을 받은 경우에 2024. 4. 19.부터 시행된 식품위생법 시행규칙 개정에 따라서 영업정지 처분은 일정 조건하에 '과징금' 으로 대체할 수 있게 되었습니다. 영업정지 처분을 과징금으로 변경을 신청하는 방법은 1차 미성년자에게 주류 판매 위반 시 기존에는 영업정지 2개월 처분이었으나, 개정 후 7일로 단축되고 영업정지 대신 과징금 처분으로 전환할 수 있습니다. 과징금으로 전환 받으려면 해당 영업정지 처분을 받은 후 관할 관청 구청 · 시청 · 군청에 과징금 전환 신청을 하여야 합니다. 과징금 전환 신청서와 함께 정당한 사유(예를 들어서 신분증 확인 철저, 우발적 위반 등)를 제출하는 것이 훨씬 더 유리합니다.

행정처분을 받은 후에 행정심판 청구 시점에도 과징금 전환을 함께 요청할 수 있으며, 행정심판 과정에서 과징금 전환 결정이 내려질 수도 있습니다. 그러나 3차 이상 위반을 하거나 과징금을 체납 중일 경우에는 과징금 전환 신청이 불가하며, 영업정지 처분이 그대로 적용됩니다. 불성실한 신분증 확인 등 고의 · 반복 위반은 과징금 전환 대상에서 제외되므로 주의하셔야 합니다.

영업정지 대신 과징금으로 변경하면 영업 중단 없이 계속 운영할 수 있기 때문에 일반음식점을 운영하시는 소상공인의 부담이 크게 줄어듭니다. 다시 말해서 3차 이상 위반을 하거나 과징금을 체납 중일 경우에는 과징금 전환 신청이 제외됩니다.

과징금은 주로 일반음식점 사업주의 전년도 1년간 총 매출액을 기준으로 산정합니다. 신규 사업이거나 휴업 등으로 전년도 매출액 산정이 어렵다면 분기별, 월별, 일별 매출액을 연간 총 매출액으로 환산하여 산정합니다. 1일당 과징금 금액은 해당 연간 매출액 구간별로 법령에 정해진 기준 금액(예를 들어 16만 원, 23만 원 등)을 곱해 산출합니다. 총 과징금 산정은 1일당 과징금 금액에 영업정지 처분 일수를 곱해 계산합니다. 다시 말해 연간 매출액 1억 2천만 원이고, 영업정지 30일인 경우에 1일당 과징금 16만 원×30일=480만 원이 됩니다.

제7장 음주운전 면허취소 행정심판 구제

1. 음주운전

음주운전은 술이나 약물 복용으로 신체가 정상 상태로 회복되지 않은 상태에서 운전하는 행위로 음주운전은 도로교통법 제44조에 따라 엄격히 금지되며 형사처벌 및 행정처벌의 대상이 됩니다. 음주운전의 정의 및 기준은 술에 취한 상태 다시 말해서 혈중알코올농도 0.03% 이상에서 교통수단을 운전하는 행위입니다. 예컨대 일반 성인이 소주 1~2잔 또는 맥주 1캔 이상만 마셔도 혈중알코올농도 0.03%를 초과할 수 있습니다.

처벌기준은 혈중알코올농도 0.03~0.08%미만은 행정처분으로 면허정지 1년 이하, 형사처분으로 1년 이하 징역이나, 500만 원 이하의 벌금에 처합니다. 혈중알코올농도 0.08%~0.1미만은 행정처분으로 면허취소, 형사처분으로 1~2년 이하의 징역 또는 500만 원~1,000만 원 이하의 벌금에 처합니다. 혈중알코올농도 0.1%이상 행정처분으로 면허취소, 형사처분으로 2년 이하의 징역 또는 1,000만 원 이하의 벌금에 처합니다. 측정불응의 경우 행정처분으로 면허취소, 형사처분으로 1~5년 이하의 징역 또는 500만 원~2,000만 원 이하의 벌금에 처합니다.

만약 교통사고로 인하여 사람을 사상하게 한 경우 특정범죄가중처벌법에 따라 중형으로 가중 처벌됩니다. 따라서 두 차례 이상(적발된 기간이 오래되었다 하더라도 관계없습니다) 음주운전으로 작발 시 운전면허가 취소되며 예외가 없습니다. 혈중알코올농도는 개인의 체질, 음주량, 시간 등에 따라 다를 수 있습니다. 음주 단속에 불응할 경우에 운전면허가 즉시 취소되며, 중대한 범죄로 간주됩니다. 운전면허가 취소된 경우 일정기간 다시 말해서 사망 · 중상 사고 등은 최소 5년간 운전면허 재취득이 불가합니다.

2. 음주측정 방식

혈중알코올농도 측정방법 중 호흡측정법(호흡식 음주측정기)은 피검자의 숨에 포함된 알코올을 금속 촉매의 전기화학적 반응을 통해 측정합니다. 술에 의한 알코올이 아세트산으로 산화되면서 발생하는 전류량이 혈중알코올농도와 비례하는 방법입니다. 아는 현장에서 신속하게 측정 가능, 비침습적, 비용이 적게 들지만 호흡 비율이 다르나 기기에 내장된 비율을 동일하게 적용함에 따라 오차 발생이 가능합니다. 화학 센서 부품의 수명이 제한적(2주~6개월)이고, 포도당 함유 음식(과일, 가글 등)이 측정에 영향을 줄 수 있습니다. 측정 환경과 개인 차이에 따라서 정확도 저하 가능성이 있습니다.

혈중알코올농도 측정방법 중 채혈측정법은 혈액을 직접 채취하여 혈장 내 에탄올 농도를 정밀 의료기기로 측정하는 빙식입니다. 이는 혈액 내 알코올 농도를 직접 측정하므로 더 정확합니다. 혈액 내 알코올 농도가 체내 알코올 분포를 가장 잘 반영할 수가 있습니다. 채혈 시 신체 침해가 있고, 측정에 시간이 더 걸리지만 상대적으로 비용이 더 높습니다. 따라서 혈액 채취 및 보관 방법, 개인의 생리적 특성 다시 말해 체지방량, 약물복용 등 검사 환경(온도, 습도), 질병 상태 등에 따라 영향을 받을 수 있습니다.

채혈측정이 호흡측정보다 대체로 정확도가 높습니다. 호흡측정은 휴대가 쉽지만 혈액, 호흡 비율 설정 값(일반적으로 2100 :1)이 개인에 따라 불일치가 생기면 혈중알코올농도 환산에 오차가 생길 수 있습니다. 다시 말해 혈중알코올농도 0.05%가 나왔을 때 혈액, 호흡 비율 차이에 따른 수치 차가 0.036%에서 0.0 64%까지도 나타날 수가 있습니다. 채혈측정은 일단 혈액 내 직접 측정이기 때문에 이런 개인차 및 환경요인에 따른 오차가 상대적으로 적은 편입니다. 시간이 경과할수록 혈중알코올농도는 변화할 수 있는데, 특히 채혈을 위해 병원에 이동하는 동안 알코올농도가 더 오를 수도 있어 측정 타이밍도 고려되어야 합니다. 음주단속 시 빠른 현장 대응에는 호흡측정기가 활용되고, 최종적이고 법적 증거력 확보를 위해서는 채혈측정이 더 신뢰받는 정확한 측정법으로 인정받고 있습니다.

3. 행정심판 청구

음주운전으로 인한 운전면허 취소에 대한 행정심판의 절차는 행정기관 다시 말해서 각 시 · 도 지방경찰의 위법하거나 부당한 운전면허 취소 · 정지 처분에 대해 신속하고 간편하게 법적 구제를 받을 수 있도록 마련된 제도가 바로 행정심판입니다. 음주운전으로 면허취소 · 정지 처분을 받았을 때 운전면허 취소 · 정지 처분이 부당하다고 판단하면 행정심판을 청구할 수가 있습니다. 행정심판청구가 가능한 경우는 단순 음주운전으로 운전면허가 취소 · 정지된 경우, 위법 · 부당한 음주 측정, 음주측정 불응 시 면허취소, 운전정지 중 무면허 운전으로 면허취소 등 다양합니다.

행정심판청구는 운전면허 취소 · 정지 처분을 통지받은 날로부터 90일 이내에 행정심판청구서를 작성하여 주소지를 관할하는 각 시 · 도 지방경찰청에 제출해야 합니다. 한편 행정심판청구서는 2통을 작성해야 하며, 청구서에는 사건의 경위서, 운전경력증명서, 운전면허 취소 · 정지 통지서, 부채증명원, 사회 기여 내역 증빙서류 등이 필요할 수 있습니다. 이후 행정청에서 행정심판청구에 대한 답변서를 제출하면 이를 열람하고 그에 따른 보충서면의 제출이 가능하며, 중앙행정심판위원회의 심리와 의결을 거쳐 재결서가 송부됩니다.

행정심판은 1회 청구할 수 있으며, 결과에 불복하면 행정소송을 제기할 수 있으나, 행정소송은 전치주의에 의하여 행정심판을 거쳐야 합니다. 행정심판에서 부당한 처분으로 판단되면 운전면허 취소 · 정지 처분이 취소되거나 취소가 정지로 정지기간이 단축되는 등의 구제가 이루어질 수 있습니다. 다시 말해서 음주운전의 경우에 특히 혈중알코올농도가 높거나 사고가 있으면 구제받기 어려울 수 있습니다.

음주운전 면허취소 · 정지 처분의 행정심판은 처분을 통지받은 날로부터 90일 이내에 권리 구제를 위해 행정심판청구서를 제출하여야 하고, 행정심판위원회의 심리를 거쳐 결정을 받은 절차로 운전면허 취소 · 정지 처분에 대한 위법 또는 부당한 처분을 다툴 수 있는 효과적인 법적수단입니다.

4. 유리한 증거 준비 방법

행정심판이 받아들여지게 하려면 유리한 증거를 제기하여야 합니다. 다시 말해 음주측정 절차 오류를 증명할 수 있는 증거로 측정기의 종류, 제조사, 측정 시각, 사용 환경을 기록하여 음주측정 과정에서의 오류 가능성을 입증하여야 합니다. 경찰이 사용한 측정기의 정밀도 검사 결과를 요청하고, 측정 절차미 준수 여부를 증거로 제출하시면 유리합니다. 따라서 측정기 센서의 교정이나 정비 기록을 확보해 신뢰성 문제를 제기할 수도 있습니다.

긴급상황을 증명할 수가 있는 증거가 필요합니다. 음주운전을 할 수밖에 없었던 긴급한 상황 예를 들어서 가족 중의 한 사람이 위급한 상황에서 병원으로 긴급 이송을 할 수밖에 없었던 사정을 입증하는 병원 진료 기록, 관련 증언 등을 확보하여 제출하여야 효과적입니다. 특히 사고나 부득이한 상황 등으로 대체 교통수단이 없었다는 점을 증명하시면 음주운전 면허취소 · 정지 처분의 경감에 아주 유리합니다.

운전이 생계유지에 직접 연관됐음을 증명하기 위해 직업 증명서(택시기사, 화물차 운전자, 택배기사 등), 소득자료(급여 명세서, 세금 신고서), 가족의 경제적 의존을 보여주는 자료를 제출하시면 많은 도움이 됩니다. 이러한 자료는 행정심판에서 감경 사유로 작용할 수 있습니다. 사실과 일치하는 정확하고 구체적인 증거를 준비해야 하며, 억지 주장이나 과장된 진술은 오히려 불리합니다. 행정심판에서 유리한 증거 준비는 음주측정 절차의 오류, 긴급 상황, 생계 관련 증명, 목격자 진술 확보, 그리고 객관적 자료의 수집을 통하여 처분의 부당성을 논리적으로 입증하는 데 집중해야 효과적입니다.

5. 호흡측정기 검사기록 요청서

저는 [본인 이름]이라고 하며, [사건 발생 일자]에 발생한 음주운전 관련 행정심판 절차를 진행 중에 있습니다. 이에 해당 사건과 관련된 호흡측정기의 검사 결과 및 검사 당시의 장비 관리 · 교정 기록, 검사 조작 및 관리 내역 등의 모든 관련 기록을 정식으로 요청합니다.

이는 저의 법적 권리 보호를 위한 정당한 요청이며, 관련 법령에 따라서 신속한 제공을 부탁드립니다. 사건 일시 : [년/월/일 시각], 사건 장소 : [장소], 측정기 기종 및 관리 번호 : [모를 경우 요청], 요청자 : [성명, 주민등록번호, 주소, 연락처], 본 요청에 대한 기록 제공이 어려운 경우 그 사유도 함께 알려주시기 바랍니다.

○○○○ 년 ○○ 월 ○○ 일

위 요청자 : ○○○ (서명)

이와 같이 작성하시면 법적 절차에 필요한 호흡측정기 검사기록에 대해 명확하고 공식적인 요청이 됩니다. 상황에 맞게 적절히 내용을 추가 · 수정하여 사용하시면 되겠습니다. 행정절차법 제41조(문서 등의 열람 · 복사) 행정기관이 보관하는 문서에 대하여 열람 및 복사를 청구할 권리가 있음을 명시합니다. 이 법에 따라 해당 검사 기록 열람을 요청하는 정당한 권리임을 밝혀야 합니다. 개인정보 보호법 제18조 개인정보의 열람 · 정정 · 삭제 요구권리에 근거하여 본인의 개인정보(혈중알코올농도 측정 결과 등)를 요청할 수 있음을 명시해야 합니다. 본인의 권리로서 정보 제공 요청임을 분명히 하여야 합니다.

의료법 제21조(의료기관의 기록 열람 · 사본 제공 관련 규정) 의료법 제21조 제1항~3항 의료기관이 진료기록 등을 제공할 때 정당한 사유가 없으면 거부할 수 없다는 규정입니다. 음주측정기 검사 기록 중 의료기관 관련 기록의 경우 요청 근거로 제시할 수 있습니다. 예를 들어 "본인은 개인정보 보호법 제18조에 따라 본인의 개인정보인 호흡측정기 검사 기록에 대한 열람 및 사본발급을 정당히 요청합니다." 라고 기재하거나 "행정절차법 제41조에 의거하여 행정기관이 보유한 관련 검사 기록 자료에 대한 열람 및 복사를 청구하는 바입니다." 라고 쓸 수 있고 "또한, 형사소송법 제218조에 따른 수사와 관련 정당한 요청임을 밝히며, 의료법 제21조에 근거하여 의료기관의 진료기록 열람을 함께 요청하는 바입니다." 라고 기재하시면 됩니다.

6. 행정심판 감경 사유

음주운전이 초범이고 혈중알코올농도가 0.08% 미만인 경우 감경 가능성이 상대적으로 높은 편입니다. 다시 말해 0.08%이상 0.13% 미만은 감경 가능성이 중간 정도이며, 0.13% 이상이면 감경 가능성이 낮은 편입니다. 이를테면 3회 이상 재범이거나 고농도 음주(0.1% 이상)는 원칙적으로 감경이 어렵다고 보시면 됩니다.

운전이 가족의 생계유지에 중요한 수단일 경우에 예를 들어서 택시나 화물차 운전자, 택배기사 등 운전이 생계 유지의 핵심수단인 경우 감경 사유로 고려됩니다. 모범운전자 또는 사회봉사 이력이 있는 경우에 3년 이상 교통봉사활동에 종사하거나, 교통사고 후 도주자 검거에 도움을 주어 경찰서장 이상의 표창을 받은 경우 등이 감경 대상입니다.

과거 5년 내 음주운전 전력이 있거나 인적 피해를 수반한 교통사고가 있으면 감경이 제한될 수 있습니다. 음주측정 거부, 단속 경찰관 폭행 등 행정처분 사유가 심각한 경우 역시 감경이 어렵습니다. 감경을 위해서는 도로교통공단 등에서 주최하는 음주운전 예방 교육을 이수하고 그 수료증 제출 시, 본인에 대한 개선 의지가 인정되어 감경에 긍정적 영향을 줄 수 있습니다.

음주운전 면허취소·정지 처분에 대해 행정심판을 청구할 때 감경을 받기 위해서는 객관적 증거와 진정성 있는 반성, 그리고 법정 조건 충족 여부가 매우 중요합니다. 특히 생계형 운전자임을 입증하거나 음주운전 예방 교육 이수 증명서를 제출하는 것이 감경의 가능성에 긍정적 역할을 합니다. 이러한 요소들을 충분히 준비하여 행정심판을 청구하는 것이 실질적 구제 가능성을 높이는 아주 좋은 방법입니다.

7. 인용률 높이는 증거 서류

혈중알코올농도 관련 서류로 호흡측정기의 검사 기록 및 정비·교정 기록, 채혈 검사 결과 및 병원 진단서(예컨대 알코올 분해 지연 등 전문가 소견 포함합니다), 음주측정 절차 위반이나 오류를 입증할 수 있는 자료를 확보하여 제출하면 행정심판의 인용률을 높일 수 있습니다.

진지한 반성 및 개선 의지 증명자료로 음주운전 예방 교육 이수 증명서, 행정심판위원회에 제출용 진술서에 진정성 있는 반성문 작성해 제출하거나 재발방지 계획 및 서약서(대중교통 이용 계획 등), 차량의 명의변경 서류, 음주치료를 받고 있는 의사의 소견서 또는 진단서 등을 제출하면 행정심판의 인용률을 높일 수 있습니다.

생계형 운전자임을 입증하는 서류로 직업 증명서 및 소득 자료(택시, 화물차 운전자, 택배기사 등), 가족 경제 의존도 증빙 자료, 업무상 개인 차량 운전이 필수라는 사실을 증명하는 서류를 준비하여 제출하시면 행정심판의 인용률을 높일 수 있습니다. 음주운전 전력이 없거나 초범임을 확인할 수 있는 증빙자료, 사고 발생 여부 및 피해 경중에 관한 자료, 기타 사회봉사활동, 표창의 내역 등을 첨부하시면 인용률을 높일 수 있습니다.

인용률을 높이려면 증거서류를 체계적으로 수집·정리하여야 하고 각각 증거의 신빙성과 관련성을 명확히 하여 행정심판 청구서에 첨부하고, 반드시 앞으로는 술 먹고 운전을 하지 않겠다는 진솔한 반성문과 음주치료를 꾸준히 받는 등 재발 방지 의지를 표현하는 서면을 준비하고, 생계형 운전자임을 입증할 수 있는 구체적 자료를 확보하는 등 다각적인 증거를 충실히 준비할 경우 음주운전 행정심판 인용률과 감경 성공 가능성을 높일 수 있습니다.

초범 입증에 유효한 서류를 첨부하는 것이 좋습니다. 범죄경력증명서(한편 법원 기록이나 경찰서에서 발급하는 무전과 증명서로, 과거 음주운전 전과 여부를 객관적으로 입증할 수 있습니다), 아니면 경찰 조사 기록 또는 처분 통지서에 기재된 이번 사건이 처음임을 확인하는 자료로 적극 활용하여도 됩니다.

생계 사유 입증에 유효한 서류를 준비해 제출하는 것이 좋습니다. 직업 증명서, 소속 회사에서 발행한 재직증명서, 사업자 등록증(자영업자), 택시·화물 운전자, 택배기사 등록증 등을 첨부하시면 됩니다. 소득 증빙서류, 급여 명세서, 세금 신고서, 근로 계약서, 거래 내역서 등 생계 유지에 필요한 소득 증빙 자료를 첨부하시면 좋습니다. 가족관계증명서, 부양할 가족이 많음을 증명하는 가족의 경제적 의존 사실을 입증하는 데 유효한 증거를 첨부하시면 됩니다. 주거 임대차 계약서 및 공과금 납부 내역서, 가계 유지 현황을 입증하는 보조 자료를 첨부하시면 됩니다. 기타 생계 관련 증명서류 예를 들어, 의료비 관련 서류 등 긴급한 경제적 상황을 증명할 수 있는 서류도 첨부하시면 좋습니다.

위와 같은 증빙서류들을 통하여 음주운전 면허취소 · 정지 처분 행정심판청구 시 초범임과 생계형 운전자임을 구체적이고 객관적으로 입증하시면 감경 가능성이 아주 높아집니다. 특히 범죄경력증명서와 직업 · 소득 관련 서류는 핵심 증거로 인정받을 수가 있으므로 절대 놓치지 않는 게 더 중요합니다.

실직이나 휴직 상황을 입증할 수가 있는 증빙자료를 수집하여 제출하면 도움이 됩니다. 휴직자 복무상황 신고서는 공무원, 공공기관 근무자의 각종 휴직 상황을 공식적으로 신고 · 관리하는 문서로, 휴직 기간, 휴직 사유, 보수 수령 여부 등을 기재합니다. 휴직 증명서 또는 휴직 확인서에는 회사나 기관에서 발급하는 휴직한 사실을 증명하는 문서로, 휴직 기간과 사유가 명시되어 있습니다. 고용보험 상실(이직) 확인서는 국민건강보험공단 또는 고용노동부에서 발급하며, 실직의 사유(폐업, 계약 만료, 해고 등)와 실직 기간 등이 명확히 기록됩니다. 실업급여 수급 확인서에는 실직 후 실업급여를 수급하고 있음을 증명하는 서류로, 실직 상황을 객관적으로 보여줍니다. 퇴직증명서 또는 경력증명서에는 회사에서 발급하는 공식 문서로, 퇴직 사실과 경력을 입증하는 데 사용합니다.

8. 행정심판에 제출할 서류 순위

제출할 서류는 우선 통지서 및 관련 공문서(행정처분 면허취소 정지 등) 처분 근거 및 내용 명확히 확인해야 합니다), 호흡측정기 검사 기록 등 측정 관련 서류(검사의 결과, 측정기 교정 및 관리 기록 등 객관적 데이터가 최우선 제출 서류입니다), 범죄경력증명서(초범임을 객관적으로 입증하는 기본 서류입니다)입니다.

생계형 운전자 증명 서류로 재직증명서, 소득 증빙서, 사업자 등록증, 가족관계증명서 등, 교육 이수증 및 진지한 반성문, 음주운전 예방 교육 수료증, 진심 어린 반성문 등 감경 의지를 보이기 위한 서류, 목격자 진술서 및 현장 관련 자료로 동승자의 진술서, CCTV 영상, 사진 등 객관적 사실 확인에 도움이 되는 자료입니다. 그리고 보조 증빙서류로 실직·휴직 사실 입증 서류, 휴직증명서, 고용보험 상실 확인서, 실업급여 수급 확인서 등, 기타 사정증명 서류는 의료진단서, 긴급 상황 입증자료, 가족 부양 증빙서류 등의 순으로 제출하는 것이 좋습니다.

9. 식품위생법 주요 위반 행위별 행정처분 기준

위반사항(주요 점검사항)	행정처분 기준		
	1차	2차	3차
영업장 외 영업행위 (EX,옥외영업)	시정명령	영업정지 7일	영업정지 15일
건강진단 미필(세부기준 참조)	과태로 10만원 이상	과태료 20만원 이상	과태료 30만원 이상
종업원 위생모 및 마스크 미착용	과태료 20만원	과태료 40만원	과태료 60만원
조리장, 식품보관실 등 위생불량	과태료 50만원	과태료 100만원	과태료 150만원
조리도구(도마, 칼 등) 위생 불량	과태료50만원	과태료100만원	과태료150만원
소비기한 경과식품 보관/ 조리에 사용	영업정지15일/ 영업정지1월	영업정지1월/ 영업정지2월	영업정지2월/ 영업정지3월
남은 음식 재사용	영업정지15일	영업정지2월	영업정지3월
식품 내 이물발견(기생충, 금속, 유리)	영업정지2일	영업정지5일	영업정지10일
식품 내 이물발견(칼날, 동물 사체)	영업정지5일	영업정지10일	영업정지20일

식품 내 이물발견(그 외)	시정명령	영업정지2일	영업정지3일
영업정지 기간 중 영업	허가취소·폐쇄		
유흥접객원으로 청소년 고용	허가취소·폐쇄		
청소년 주류제공	영업정지7일	영업정지1월	영업정지2월
청소년 유해업소에 청소년 고용	영업정지3월	허가취소·폐쇄	
청소년 유해업소에 청소년 출입	영업정지1월	영업정지2월	영업정지3월
성매매 알선	영업정지3월	허가취소·폐쇄	
일반, 휴게, 단란 유흥접객원 고용	영업정지1월	영업정지2월	허가취소·폐쇄
일반, 휴게 손님이 춤추도록 허용	영업정지2월	영업정지3월	허가취소·폐쇄
일반, 휴게에서 음향 및 반주시설 갖추고 손님이 노래 부르도록 허용	영업정지1월	영업정지2월	허가취소·폐쇄
일반, 휴게, 단란 영업장 안에 설치된 무대시설 외 장소에서공연	영업정지2월	영업정지3월	허가취소·폐쇄
도박 기타 사행행위, 풍기문란 행위 미방지	영업정지2월	영업정지3월	허가취소·폐쇄
일반음식점에서 주류만 판매, 휴게음식점에서 음주 허용, 호객행위	영업정지15일	영업정지1월	영업정지3월
간판에 신고한 상호와 상이, 업종 미표시, 가격표 미게시	시정명령	영업정지7일	영업정지15일

허가받은 업종 외 타업종과 미분리(미구획)	시설개수명령	영업정지15일	영업정지1월
시설기준 위반 (방음장치미설치, 잠금장치, 불투명창, 단란객실1/2초과, 기타시설기준위반)	시설개수명령	영업정지15일	영업정지1월
일반음식점 객실 내에 음향 및 반주시설, 특수조명, 침대, 욕실설치	시설개수명령	영업정지1월	영업정지2월
유흥주점 외의 영업장에 무도장 설치	시설개수명령	영업정지1월	영업정지2월
식중독 발생	영업정지1월	영업정지3월	허가취소·폐쇄
식중독균 기준 위반(식품)	영업정지1월	영업정지3월	허가취소·폐쇄
식중독균 기준 위반(조리기구)	시정명령	영업정지7일	영업정지15일
세균 기준 위반(식품)	영업정지15일	영업정지1월	영업정지2월
세균 기준 위반(조리기구)	시정명령	영업정지7일	영업정지15일
신고증, 허가증 미비치 유흥 접객원 명부 부실관리	과태료10만원	과태료20만원	과태료30만원
조리실에서 설치류, 위생해충을 방제 및 구제하지 아니하여 발견된 경우	과태료100만원	과태료200만원	과태료300만원

※ 과징금 제외대상 빨간색 표시

※ **과태료 처분시 8시간 내 바로 시정시 과태료 50% 감경**

제8장 영업정지 처분 의견진술서, 행정심판청구서, 집행정지신청서, 행정소송 소장 최신서식

(1) 의견 진술서 - 청소년에게 담배를 판매하여 영업정지 사전처분 담배를 판매하지 않았으므로 사전처분 취소 진술서 최신서식

의 견 진 술 서

진 술 인 : ○ ○ ○

인천시 부평구청장 귀중

의 견 진 술 서

1.진 술 인

성명	○ ○ ○	주민등록번호	생략
주소	인천시 부평구 ○○로 ○○, ○○○호		
직업	상업	사무실 주 소	생략
전화	(휴대폰) 010 - 9876 - 0000		
기타사항	이 사건 의견 진술인입니다.		

위 사건에 관하여 진술인은 다음과 같은 이유로 의견서를 제출합니다.

- 다 음 -

1. 이 사건 처분에 대하여,

가, 진술인은 인천시 부평구 ○○로 ○○, ○○○호 ○○편의점의 대표로서 ○○
　　○○. ○○. ○○. ○○:○○ 청소년인 ○○○(여 17세)에게 담배(마일드세븐)
　　1갑을 판매하여 부평경찰서 소속경찰관에게 적발되었습니다.

나, 이에 인천시 부평구청은 진술인에게 담배사업법 제17조 제2항 제6호 청소년
　　에게 담배를 판매한 때 1차 위반으로 하여 이 사건 영업정지 2개월로 사전
　　처분을 한 사실이 있습니다.

2. 신분증확인에 대하여,

가, 키는 169㎝정도에 머리를 파마를 한 긴 머리에다 염색까지 하였고 얼굴에는 짙은 화장을 하였으며 볼에는 반짝이까지 붙였기 때문에 진술인으로서는 영업을 하는 사람으로 볼 수밖에 없었습니다.

나, 청소년으로 의심되는 경우 반드시 신분증을 요구하거나 공적 증명력이 되는 신분증을 요구할 수 있다고 되어있기 때문에 어디를 보아도 청소년으로 볼 수 없는 외모였습니다.

다, 후일 또 청소년이 담배를 사로 왔는데 이번에는 한 갑도 아니고 여러 갑의 담배를 요구하여 진술인이 의심을 하고 신분증을 보여 달라고 하자 신분증을 가지고 오지 않았다 하여 진술인이 담배를 판매하지 않고 되돌려 보냈습니다. 그런데 진술인이 담배를 판매하지 않았다고 앙심을 품고 전에 담배를 팔았다며 경찰에 신고한 것입니다.

3. 결어

영업정지처분에 대한 사전처분을 함에 있어서 담배를 판매한 것만으로 결론을 지을 것이 아니라 진술인이 청소년에게 담배를 신분증을 요구하고 끝까지 담배를 팔지 않고 되돌려 보냈다는 과정도 더 중요하다고 생각합니다.

최선을 다하고 청소년보호법을 준수하기 위해 노력을 한 진술인에게 영업정지처분은 부당할 뿐 아니라 너무나 가혹한 처분이므로 취소를 해 주시기 바랍니다.

○○○○ 년 ○○ 월 ○○ 일

위 진술인 : ○　○　○　(인)

인천시 부평구청장 귀중

(2) 의견 진술서 - 청소년에게 술 판매 영업정지 사전처분 술을 판매한 사실 없으
므로 검찰의 수사결과까지 미뤄달라는 의견서

의 견 진 술 서

진 술 인 : ○　○　○

서울시 마포구청장 귀중

의 견 진 술 서

1.진 술 인

성명	○ ○ ○	주민등록번호	생략
주소	인천시 부평구 ○○로 ○○, ○○○호		
직업	상업	사무실 주 소	생략
전화	(휴대폰) 010 - 9876 - 0000		
기타사항	이 사건 의견 진술인입니다.		

2.의견진술의 취지

　　상기 의견 제출인은 서울시 마포구 ○○로 ○길 ○○, ○○○호 아름다운강산 호프집에 대한 ○○○○. ○○. ○○. 서울시 마포구청 문서번호 환위 ○○○○-○ ○○○호 영업정지 2개월 처분에 대하여 불복으로 의견 진술서를 제출합니다.

3.의견진술의 요지

(1) 단속경위 및 위법부당

　　우리 구의 발전을 위하여 불철주야 얼마나 노고가 많으십니까.

　　○○○○. ○○. ○○. ○○○외 4명이 술을 먹고 싸워 경찰에서 조사를 받는 중에 술을 마신 곳이 의견인 경영의'아름다운강산호프'라 고 진술하여, 경찰 조사를 받은 것입니다.

의견인은 술장사를 한지 약 1년가량 되어 경험이 부족하여 두 달쯤 전에 미성년자에게 술을 팔아 영업정지 2개월과 벌금 처벌을 받았습니다.

그때는 장사에 미숙하여 미성년자가 아니라는 애들의 말을 믿었던 것이 불찰이었습니다.

그런데 다시 ○○○○. ○○. ○○. 다시 가게를 열면서 미성년자에게는 절대 술을 팔지 않겠다고 맹세를 하고 장사를 하고 있었는데, 이런 일이 생긴 것입니다. 정말 죄송하게 생각합니다.

위 ○○○ 등은 경찰조사에서 ○○○○. ○○. ○○. 밤 9시부터 아름다운강산호프에서 소주 2병과 참치김치찌게를 먹었다고 진술하였지만, 위 날은 축구중계를 하는 날이어서 기억을 하고 있는데, 위 일시에는 ○○○ 등 5명이 우리 아름다운강산호프에 온 사실도 없으며, 당시 아름다운강산호프에는 2팀의 손님이 술을 마시고 있었을 뿐이었는데, 이는 당시 술을 마시고 있던 손님인 ○○○이 확인해 주고 있습니다.

또한 저희 가게에는 김치참치찌게라는 안주가 전혀 없습니다.

이는 다시 장사를 시작한 ○○○○. ○○. ○○. 마포도매점에서 메뉴판을 작업해 주었는데, 이를 보아도 전혀 그런 안주가 없는 것을 알 수 있으며, 사실 호프집이라서 찌게안주는 취급을 하지 않고 있습니다.

위 ○○○는 아름다운강산호프가 자신들로 인하여 영업정지 3개월의 처벌을 받게 될 것을 알게 되자, 사실 자신들이 아름다운강산호프에서 술을 마시지 않았다는 것을 인정하고 사실확인서를 써 주었습니다.

(2) 결론

따라서 의견인은 현재 서부지방검찰청에 무죄를 주장하고 있으므로 검찰의 처분이 나올 때까지 행정처분을 미뤄주시길 바랍니다.

○○○○ 년 ○○ 월 ○○ 일

위 진술인 : ○　○　○　(인)

서울시 마포구청장 귀중

(3) 의견 진술서 - 일반음식점 영업정지 처분 사전예고통지 불복으로 정상관계 진
술 영업정지 처분의 취소를 구하는 진술서

의 견 진 술 서

진 술 인 : ○　　○　　　○

경기도 남양주시장 귀중

의 견 진 술 서

1.진 술 인

성명	○ ○ ○	주민등록번호	생략
주소	경기도 남양주시 ○○로 ○○, ○○○호		
직업	상업	사무실 주 소	생략
전화	(휴대폰) 010 - 2456 - 0000		
기타사항	이 사건 의견 진술인입니다.		

2.의견진술의 취지

경기도 남양주시청 ○○○○호로 진술인이 운영하는 경기도 남양주시 ○○로 ○○○, ○○호 마을입구 일반음식점에서 청소년에게 술을 판매하였다하여 영업정지 2개월의 처분 전 사전예고통지를 하였으나 진술인은 이에 대한 불복으로 의견을 개진하오니 취소하여 주시기 바랍니다.

3.의견진술의 요지

(1) 이 사건의 경위

진술인은 ○○○○. ○○. ○○. 남양주시장으로부터 경기도 남양주시 ○○로 ○○○, ○○호"마을입구"라는 상호의 일반음식점을 영업자 지위승계 하여 운영하다가 ○○○○. ○○. ○○."스틸"이라는 상호의 일반음식점(이하"사건

업소”라고 줄여 쓰겠습니다)으로 변경하여 운영하던 중 ○○○○. ○○. ○
○. ○○:○○경 사건업소에서 청소년에게 주류를 판매한 사실이 남양주경찰
서 소속 경찰관에게 적발되었고, 남양주경찰서장이 위 적발사실을 ○○○○.
○○. ○○. 남양주시장에게 통보함에 따라 같은 날 남양주시장은 진술인에
게 영업정지 2개월의 처분 전 사전예고통지(이하“이 건 사전예고통지”라고만
합니다)를 하였습니다.

(2) 진술인의 의견

　가. 진술인은 약 20년 전에 남편이 교통사고로 사망한 후 식당 설거지 등을
하며 자녀를 키우며 살다가 사건업소를 전세보증금 8천만 원에 월세
250만 원을 지불하기로 하고 임대하여 운영하고 있는데 장사가 되지 않
아 전세보증금 중 4천만 원을 까먹게 되어 약 1년 전부터 가게를 내놓았
지만 현재까지 팔리지도 않고 있습니다.
수입 중 월세, 각종 경비를 공제하고 월 약 130만 원의 수입으로 90세
시어머니와 자녀 2명을 부양하며 어렵게 살고 있습니다.
사건당일 진술인이 잠시 없던 중 다른 곳에서 술을 먹은 ○○대 체육학교 학
생인 덩치가 매우 큰 대학생 3명이 들어와 소주 1병, 음료수 1병, 감자탕 1
개를 주문하여 종업원이 볼 때 외모 등으로 보아 성인으로 보여 소주를 주었
는데, 손님 중 2명은 소주 1잔씩 마셨으나, 미성년자인 손님은 술을 1잔도
마시지 않는 상태에서 술을 먹던 손님 2명이 옆에 있던 손님과 시비로 말다
툼을 하여 지구대에 동행된 후 조사를 받던 중 미성년자로 확인되었습니다.

　나. 진술인은 평소 종업원에게 미성년자에게 술을 제공하지 않도록 수시로 교
육을 시켜왔고 지금까지 위반한 사례가 전연 없습니다. 적발된 청소년이
사건업소에서 술을 먹은 사실이 있는지에 대한 경찰조사에서 1잔의 술도
먹은 사실이 없는 것이 명백하게 밝혀졌고, 진술인은 의정부지방검찰청
남양주지청에서 불기소(혐의 없음) 처분을 받았습니다.
진술인이 종업원을 잘 관리하지 못하여 이와 같은 결과가 발생하였으나,
청소년이 성인에서 1달이 모자라는 ○○대학교 학생신분으로 체격 등 외

관상 누구라도 성인으로 보았을 것은 틀림없는 사실이며, 불기소 처분을 받은 점, 진술인이 영업을 하여야 시어머니와 자식들을 부양할 수 있는 점 등을 종합하여 볼 때 진술인이 입게 될 손해 등 여러 사정을 고려한다면 이 사건 처분은 재량권을 일탈·남용한 처분이므로 취소되어야 할 것입니다.

(3) 결론

이유야 어찌되었건 진술인의 종업원이 청소년에게 술을 가져다준 것은 잘못했습니다.

그러나 진술인이 사건업소를 운영하면서 위반전력이 한 번도 없고, 사건업소가 영세하고 진술인이 사건업소를 통하여 생계를 이어가고 있는데 문을 닫게 되면 부양가족이 굶어 죽게 된 다는 점, 청소년의 나이가 성인에 가깝고 술을 마시지 않았다는 점, 진술인은 이를 정상 참작되어 기소유예처분을 받은 점 진술인의 어려운 형편 등을 감안해 볼 때, 식품접객영업자로서의 의무사항 준수를 통하여 청소년 보호라는 공익을 실현하고자 하는 이 사건 처분의 목적에 비하여 진술인이 입게 될 손실이 너무 크고 영업정지 2개월의 처분 전 사전예고통지는 너무나 가혹하여 취소해 주시기 바랍니다.

4.소명자료 및 첨부서류

(1) 가족관계증명서   1통

(2) 임대차계약서   1부

(3) 부채증명서   1부

○○○○ 년 ○○ 월 ○○ 일

위 진술인 : ○　○　○　(인)

경기도 남양주시장 귀중

(4) 의견 진술서 - 유흥주점 영업정지 처분 사전통지 업주가 잘못한 것이 전혀 없
다며 영업정지 처분의 취소를 구하는 진술서

의 견 진 술 서

진 술 인 : ○　○　○

부산시 동래구청장 귀중

의 견 진 술 서

1.진 술 인

성명	○ ○ ○	주민등록번호	생략
주소	부산시 동래구 ○○로 ○○, ○○○호		
직업	상업	사무실 주 소	생략
전화	(휴대폰) 010 - 8723 - 0000		
기타사항	이 사건 의견 진술인입니다.		

2.의견진술의 취지

부산시 동래구청 ○○○○호로 진술인이 운영하는 부산시 동래구 ○○로 ○길 ○○, ○○○호 ○○유흥주점에 대하여 ○○○○. ○○. ○○. 청소년에게 주류를 판매하였다하여 영업정지 2개월의 처분 전 사전예고통지를 하였으나 진술인은 이에 대한 불복으로 의견을 개진하오니 취소하여 주시기 바랍니다.

3.의견진술의 요지

(1) 이 사건의 경위

진술인은 ○○○○. ○○. ○○. 부산시 동래구 ○○로 ○길 ○○, ○○○호에서"○○○"이라는 유흥주점(이하"사건업소"라고 줄여 쓰겠습니다)을 영업자 지위승계 하여 운영하던 중, ○○○○. ○○. ○○. ○○:○○경 사건업소에서 청소년에게 주류를 판매하였다 하여 적발되었고, 동래경찰서장이 ○○○○.
○○. ○○. 위 적발내용을 동래구청장에게 통보함에 따라, 동래구청장은 ○
○○○. ○○. ○○. 영업정지 2개월의 처분 전 사전예고통지(이하 "이 건 사
전예고통지"라고 합니다)를 하였습니다.

(2) 진술인의 의견

가. ○○○○. ○○. ○○. ○○:○○경 30대 중반의 남자 1명(○○○:○○세)
이 먼저 진술인의 업소에 손님으로 출입하여 일행 2명이 더 찾아 올 것
이라면서 맥주 1박스를 주문하고, 도우미를 불러 달라고 하여 먼저 출입
한 손님으로부터 주문을 받고 얼마 지나지 않았을 무렵에 20대 중반으로
보이는 일행 2명이 업소에 찾아와 함께 합석하여 2시간가량 술을 마시면
서 유흥을 즐겼으며, 같은 날 ○○:○○경 제일 먼저 업소에 출입했던 사
람이 술값이 없다고 하자 일행 2명이 자신들이 집에 가서 돈을 가져오겠
다고 하여 종업원과 함께 손님이 요구한 집 근처까지 차를 함께 타고 가
서 내려 주고는 30분 이상을 기다렸으나 일행 2명은 돌아오지 않아서 진
술인은 업소에서 기다리고 있던 30대 중반의 손님에게 사건의 내용을 이
야기하였으나, 자신은 돈이 없다고 하여 진술인이 직접 112에 신고를 하
게 되었던 정황입니다.

나. 진술인의 업소에 찾아왔을 당시는 미성년자로 확인해야 할 정도로 나이가
어려보이는 사람은 아무도 없었으며, 손님 3명 중 먼저 출입하여 술을
주문한 사람은 30대 중반 정도로 보였고, 평상시 영업을 하면서 업소를
출입하는 손님들 대부분은 비슷한 나이 내지 직장 동료 그리고 친구간의
일행이 출입하기 때문에 미성년자라고는 생각하지도 못하였으며, 미성년
자로 확인된 1명은 누구의 연락을 받고 어떻게 진술인의 업소에 찾아 왔
는지 알 수 없으나, 그 사람이 진술인의 업소에서 찾아왔던 손님인지 여
부 및 실제 진술인의 업소에서 술을 마신 사람인지 의심스러우며, 업소에
서 술을 마신 3명의 손님들 행위는 처음부터 무전취식을 하려고 했던 것
으로 생각되고 술을 주문한 후 합석을 한 방법과 계산을 핑계로 2명은

자리를 피한 점과 이후 누군가가 스스로 찾아와서 자신이 미성년자임을 밝힌 점 등의 사정을 통해 보면 처음 진술인의 업소를 찾아왔던 손님들 중에서 미성년자가 포함되어 있었다고 한다면 그 손님들은 미성년자에게 술을 제공한 사실로 진술인의 약점을 이용하여 술값을 진술인에게 단념하도록 했을 가능성이 매우 높으나 당시에는 일체 그러한 말이 없었으며, 진술인이 경찰에 신고를 하고 강력하게 대처하자 미성년자를 이용하여 청구인의 업소에서 술을 마셨다고 변명하였습니다.

다. 진술인은 현재의 업소에서 5년 이상 운영해 왔으나 그 동안 단 한번 도 미성년자에게 주류를 제공하는 등의 잘못으로 처벌을 받은 사실은 한 차례도 없었으며, 월 3~400만 원 정도의 수입으로 3명의 딸과 함께 생활하고 있고 업소를 개업할 당시 주류업체로부터 보조금 명목으로 3,500만 원을 차용하여 영업부진으로 인해 위 채무 또한 변제하지 못하고 있는데, 이 건으로 영업정지 처분을 당하게 된다면 당장 그 돈을 변제하지 못하여 모든 재산이 경매 처분을 당할 수 있는 사정이 될 수 있습니다.

라. 이상과 같은 제반 사정을 종합해 보면 동래구청장이 이 건 행정처분으로 인해 달성하고자 하는 공익과 진술인이 입게 될 불이익의 합리적인 비교 교량이 없이 단순히 그 결과만으로 이 사건 처분을 할 것임을 알 수 있고, 위반 내용은 진술인의 고의적인 행위에 기한 것이 아니라 손님들 중 1인이 미성년자라는 점을 인식하지 못한데서 비롯된 것이라는 점과 주류를 제공한 행위가 발각된 경위, 주점 운영은 생계의 수단이라는 점 등의 제반 사정을 참작하면 이 건 처분은 재량권을 남용하였거나 그 범위를 일탈한 위법 부당한 처분이므로 취소되어야할 것입니다.

(3) 결론

진술인에게는 동종의 위반전력이 없다는 점, 진술인이 직접 경찰에 112신고를 한 점, 해당 청소년이 성인과 함께 왔다는 점을 감안하시어 이 건 처분은 너무나 무겁고 가혹하므로 취소하거나 선처해 주시기 바랍니다.

4.소명자료 및 첨부서류

   (1) 가족관계증명서   1통

   (2) 임대차계약서   1부

   (3) 부채증명서   1부

○○○○ 년 ○○ 월 ○○ 일

위 진술인 : ○　○　○　(인)

부산시 동래구청장 귀중

(5) 행정심판청구서 - 단란주점 미성년자 출입 영업정지 45일 처분 부당하고 재량
　　　권을 일탈한 영업정지 처분으로 취소를 구하는 행정심판청
　　　구서 최신서식

행 정 심 판 청 구 서

청 구 인 : ○　○　○

처 분 청 ： 광주광역시 광산구청장

광주광역시 행정심판위원회 귀중

행 정 심 판 청 구 서

1.청 구 인

성명	○ ○ ○	주민등록번호	생략
주소	광주시 ○○구 ○○로 ○○, ○○-○○호		
직업	상업	사무실 주 소	생략
전화	(휴대폰) 010 - 3456 - 0000		
대리인에 의한 청 구	□ 법정대리인 (성명 : , 연락처) □ 청구대리인 (성명 : 변호사, 연락처)		

2.피청구인

성명	광주광역시 광산구청
주소	광주광역시 광산구 광산로29번길 15,(송정동)
대 표 자	구청장 박병규
전화	(사무실) 062 - 960 - 8114
기타사항	영업정지처분 취소

심판청구의 취지

1. 피청구인이 ○○○○. ○○. ○○. 청구인에 대하여 결정 고지한 광주광역시 광산구 ○○길 ○○. 소재 ○○단란주점에 대한 45일의 영업정지 처분은 이를 취소한다.

   라는 재결을 구합니다.

심판청구의 이유

1. 청구인은 광주광역시 광산구 ○○로 ○○○, 소재 지하층 ○○○.○○평을 임차하여 '○○○'이라는 상호로 단란주점을 경영하고 있습니다.

2. 이 사건 단속경위

   청구인은 ○○○○. ○○. ○○.경 위 단란주점의 종업원인 김○○의 친구인 이○○가 그의 일행 5명을 데리고 왔기에 이들의 주민등록증을 확인하기 위해 주민등록증 제시를 요구하였으나 위 이○○만 주민등록을 소지하고 있어 그의 주민등록증으로 만 19세가 넘었음을 확인하고, 박○○과 최○○에게 나머지 일행들은 모두 친구들이냐고 묻자 그렇다는 말을 믿고 출입시켰는데, 20분 뒤에 피청구인의 관할인 ○○지구대 소속 경찰관 2명으로부터 만 19세미만인 박○○ 일행을 입장시켰다는 이유로 단속되었습니다.

   위 이○○은 주민등록상 분명히 만 19세가 넘는 자이고, 그 일행 중 2명이 19세 미만자라는 이유로 단속되었는바, 청구인으로서는 위 이○○ 일행이 종업원의 친구라 하고 이○○이 19세 미만자가 아님이 확인되었기에 일행 중 일부가 연령미달자라고 의심할 여지가 없었던 점에 비추어 본건 처분은 지나치게 가혹한 것이라 생각됩니다.

또한 청구인은 사업 실패 후 은행과 친구들로부터 막대한 돈을 빌려 이 사건 단란주점을 임차해 내부시설 투자를 하고, 영상가요 반주기를 구입하여 영업을 하면서 생계를 꾸려나가고 있는데, 이 사건 행정처분으로 수입도 얻지 못하게 되어 채무이행은 물론이고 당장 생계유지도 힘든 형편입니다.

3. 따라서 이 사건의 단속경위 등 여러 사정을 참작할 때 피청구인의 45일간의 영업정지처분은 부당하므로 이를 취소하여 주시기 바랍니다.

소명자료 및 첨부서류

1. 갑 제1호증   영업정지처분

1. 감 제2호증   종업원 진술서

1. 갑 제3호증   가족 탄원서

○○○○ 년 ○○ 월 ○○ 일

위 청구인 : ○ ○ ○ (인)

광주광역시 행정심판위원회 귀중

행 정 심 판 청 구 서

신 청 인 : ○　○　○

피 신 청 인 : 대구광역시 수성구청장

대구광역시 행정심판위원회 귀중

행 정 심 판 청 구 서

1.신 청 인

성명	○ ○ ○	주민등록번호	생략
주소	대구시 ○○구 ○○로 ○○, ○○-○○호		
직업	사업	사무실 주 소	생략
전화	대구시 ○○구 ○○로 ○○, ○○-○○호		
대리인에 의한 청 구	□ 법정대리인 (성명 : , 연락처) □ 청구대리인 (성명 : 변호사, 연락처)		

2.피신청인

성명	대구광역시 수성구청
주소	대구광역시 수성구 달구벌대로 2450(범어동)
대 표 자	구청장 김대권
전화	(사무실) 053 - 666 - 2000
기타사항	영업정지처분 취소

심판청구의 취지

1. 피청구인이 ○○○○. ○○. ○○. 청구인에 대하여 결정 고지한 대구광역시 수성구 ○○로 ○○. 소재 주점 ○○에 대한 60일의 영업정지 처분은 이를 취소한다.

   라는 재결을 구합니다.

심판청구의 이유

1. 이 사건 처분의 내용

   (1) 청구인은 ○○○○. ○○. ○○.청구 외 김○○이 경영하던 대구시 수성구 ○○로 ○○, 소재 주점 ○○○(약 ○○○평) 을 시설비 및 권리금을 ○, ○○○만 원으로 하여 양수받고 건물주인 청구 외 이○○와 1인과 임차 보증금 ○억 원, 월 임료 ○○○만 원의 조건으로 새로 임대차계약을 체결하였습니다.

   (2) 이에 청구인은 약 ○억 원 정도의 비용을 들여 새로 인테리어공사를 한 다음 피청구인에게 영업허가를 신청하였고, ○○○○. ○○. ○○.자로 영업허가를 취득하였습니다.

   (3) 그런데 청구인이 위 ○○○를 인수하기 전인 ○○○○. ○○. ○○.전의 영업주인 청구 외 김○○이 수명의 대학생들에게 생맥주를 판매하다가 그 중 2명의 여 학생이 아직 만 19세가 되지 아니한 대학신입생이었고, 이 것이 적발되는 바람에 위 호프집에 대해 행정처분 절차가 진행 중에 있

었다고 합니다.

(4) 청구인은 이러한 사실을 전혀 모르고 전 영업주로부터 이 사건 점포를 양수받았는바, 그로부터 약 ○년이 경과된 지금에 와서야 피고는 위 ○○ ○○. ○○. ○○.자 적발내용을 이유로 청구인에게 2개월간의 영업을 정지하라는 처분을 고지하였습니다.

(5) 영업정지와 같은 행정처분은 단속법규를 위반한 영업자에 대한 대인적 제재 조치로서 강학상 이른바 대인처분이라고 할 것이고 이러한 대인처분은 원칙 적으로 사업양수인에게 승계되지 아니한다고 할 것입니다.
다만 식품위생법 제78조에 의하면 영업자가 그 영업을 양도할 경우 행정제재 처분의 절차가 진행 중인 때에는 양수인에 대하여 행정제재처분의 절치를 속행할 수 있으나 이때에도 양수인이 양도 시에 그 처분 또는 위반사실을 알 지 못하였음을 증명하는 때에는 그러하지 아니하다고 규정되어 있는 바, 청구인은 전 영업주로부터 이러한 사실을 들은 바 없이 위 호프집을 양수받았던 것이므로 피청구인이 양수인인 청구인에 대해 본건과 같은 영업정지처분을 하는 것은 부당하다고 할 것입니다.

(6) 그 외에도 청구인이 확인한 바에 의하면 전 영업주인 위 최○○은 평소 미성년자의 업소출입을 강력히 금지하여 왔었으나 그날 많은 손님이 몰려들어 일일이 그들이 미성년자인지 확인하는 것이 사실상 곤란하였고, 또한 단속에 적발된 그 여대생과 같이 온 남학생들은 평소에도 업소에 자주 출입하는 단골로서 대학 3학년생들이었기 때문에 동반한 여학생들도 당연히 성년의 대학생 친구로만 알고 굳이 미성년자인지 여부를 확인하지 않았던 것이며 실제로도 그녀들은 머지않아 곧 만19세가 되는 여학생이었다고 합니다.

2. 결론
따라서 비록 청소년보호법에 의해 아직 정서적으로 보호받아야 하는 청소년들에게 유해환경을 제공한 영업자에게 행정제재를 가함으로써 청소년을 보호해야 하는 공익적 요청 또한 무시할 수 없는 것이나, 이러한 행정제재는 행정목적 달성에 필요한 한도 내에서 최소한에 그쳐야 하는 것인바 원고의 경우 본인이 직접 위반행위를 행한 바가 없고 전 영업자로부터 그 제재처분을 승계한 자로서 영업양수 시 그러한 사실을 알지 못하였으며 또 알았다면 이 사건 업소를 청구인이 인수하지도 않았을 것이며 전 영업자가 출입시켜 주류를 제공한 여학생들의 경우 외견상 청소년으로 보이지도 않았고 실제로도 머지않아 만 19세가 되는 등 위반행위의 태양에 있어서도 참작할 사유가 있었음에도 불구하고 이를 고려함이 없이 무조건 획일적으로 동종의 위반행위를 한 다른 업소와 동일하게 2개월의 영업정지를 명하는 행정처분을 하는 것은 재량권의 한계를 일탈하거나 남용한 위법한 처분이라고 할 것입니다.

이에 청구인은 피청구인의 이 사건 행정처분의 취소를 구하기 위하여 이 사건 청구에 이르게 되었습니다.

소명자료 및 첨부서류

1. 갑 제1호증   영업신고서

1. 감 제2호증   식품위생법위반업소 영업정지통보서

1. 갑 제3호증   영업정지명령서

1. 갑 제4호증   임대차계약서

1. 갑 제5호증   탄원서

1. 갑 제6호증   사실확인서

1. 갑 제7호증   참고인 진술서

○○○○ 년 ○○ 월 ○○ 일

위 청구인 : ○   ○   ○   (인)

대구광역시 행정심판위원회 귀중

(7) 행정심판청구서 - 미성년자 출입케 하여 영업정지 처분 업주가 사정을 호소하
    고 영업정지 처분을 취소해 달라는 취지의 행정심판청구서
    최신서식

행 정 심 판 청 구 서

청 구 인 : ○ ○ ○

처 분 청 : 광주광역시 광 산 구 청

광주광역시 행정심판위원회 귀중

행 정 심 판 청 구 서

1.청 구 인

성명	○ ○ ○	주민등록번호	생략
주소	광주시 ○○구 ○○로 ○○, ○○-○○호		
직업	상업	사무실 주 소	생략
전화	(휴대폰) 010 - 3456 - 0000		
대리인에 의한 청 구	□ 법정대리인 (성명 : , 연락처) □ 청구대리인 (성명 : 변호사, 연락처)		

2.피청구인

성명	광주광역시 광산구청
주소	광주광역시 광산구 광산로29번길 15,(송정동)
대 표 자	구청장 박병규
전화	(사무실) 062 - 960 - 8114
기타사항	영업정지처분 취소

3.영업정지처분 취소 심판청구

청구취지

1. 피청구인이 ○○○○. ○○. ○○. 청구인에 대하여 한 광주광역시 광산구 ○○길 ○○. 소재 단란주점 ○○○○에 대한 영업정지처분은 이를 취소한다.

라는 재결을 구합니다.

청구이유

1. 처분경위

　　가, 청구인은 ○○○○. ○○. ○○. ○○:○○에 본 업소에 청소년을 출입시켰다는 이유로 ○○○○. ○○. ○○. 행정처분 사전통지를 받았습니다.

　　나, ○○○○. ○○. ○○. 청구인은 의견서를 제출하였습니다.

　　다, ○○○○. ○○. ○○.에서 ○○○○. ○○. ○○.까지 영업정지의 행정처분 명령서는 ○○○○. ○○. ○○.에 수령하였습니다.

2. 사실관계

　　가, ○○○○. ○○. ○○. ○○:○○경 ○○대학교 ○○○(○○년생)과김○○(○○년생) 학생이 본 업소에 와서 주류를 주문받아 먹고 있던 중,

　　나, 위 학생들이 동료학생이자 미성년자인 이○○(○○년생)에게 전화를 하여 본 업소로 오라고 하여 이○○가 출입한 후 약 10분 후 갑자기 경찰관의 합동단속에 의하여 적발되었습니다.

다, 위 3명의 학생들이 출입 시 종업원 조○○은 주민등록증을 제시토록 사
  전에 요구하였습니다.

3. 청구인의 주장 및 입장

가, 청구인은 미성년자 출입을 막기 위한 의무를 다하였습니다.

나, 업소 조○○ 종업원은 미성년자 출입을 제재하기 위하여 다각도로 노력을
  하고 있는 종업원입니다.
  ○○○○. ○○. ○○.부터 ○○○○년생은 출입이 가능하다는 사실을 알
  고 ○○○, 김○○ 학생이 출입하였을 때 주민등록증을 요구하여 ○○○
  ○년생임을 분명히 확인하였고,

다, 위 문제의 이○○학생이 들어왔을 때 주민등록증을 요구하였고, 미소지하
  였다고 하여, 주민등록번호가 몇 번이냐고 묻자 이○○은 ○○○○○○-
  ○○○○○○○이라고 거침없이 대답하였습니다.

라, 그래서 조○○ 종업원은 이○○학생이 제시한 주민등록번호를 조회 의뢰
  하던 중 경찰단속반이 들어왔습니다.

마, 이○○은 당시 옷차림, 얼굴형태 및 말씨 등을 미루어보아 앞의 2명보다
  오히려 2살 정도 높게 보였으며 특히 이○○은 약 1.5개월 부족한 미성
  년자였습니다.

4. 청구인의 기타 사정

가, 청구인은 직장생활을 하다가 퇴직하고 모아둔 돈과 경상북도 김천시 황금
  동에 있는 외삼촌 ○○○께 7,000만 원을 빌리고, 동생 ○○○으로부터
  4,000만 원을 빌려 ○○○○. ○○. ○○. 어쩔 수 없이 전에 운영하던
  사람과 금전거래로 인수하게 되었습니다.

나, 청구인으로서는 비록 미개척 분야이지만 청소년 출입의 위험적 요소를 누
  구보다도 많이 아는 터라 출입하는 젊은 대학생들은 특별히 최대의 관심

을 가지고 청소년 업소출입을 제재하여 왔습니다.

다, 한편 청구인은 개인적으로 신학을 공부하여 청소년에 대한 관심은 남다릅
니다. 금전관계에 어쩔 수 없이 본 업소를 인수하게 된 것이지만 양심을
팔고 술을 팔지는 않습니다.

5. 결론

가, 매월 임대료와 이자도 주어야 하는데, 이러한 일로 영업정지를 당하면 살
아가기가 참으로 난감합니다.
이유 같고 둘러대는 것 같지만 청구인이 인수하여 개업한지 얼마 안 되
어 일어난 최초의 실수입니다.

나, 한 달 사이에 외상거래 및 물품거래 관계도 복잡합니다. 이제 시작단계이
므로 청구인에게 영원히 문을 닫아야 할 정도로 영업정지는 너무나 가혹
한 행정처분입니다.

다, 청구인에게 영업정지의 행정처분을 거두어 주셨으면 하는 마음 간절합니다.
앞으로 이런 일이 없도록 최선을 다하여 열심히 모범된 시민이 되겠습니
다. 감사합니다.

소명자료 및 첨부서류

1. 소 갑 제1호증   유흥주점 행정처분 사전통지

1. 소 갑제2호증의 1   행정처분 사전통지서

1. 소 갑제2호증의 2   영업신고증

1. 소 갑제3호증   임대차계약서

1. 소 갑제4호증   차용증

1. 소 갑제5호증   영업정지 행정처분 명령서

○○○○ 년 ○○ 월 ○○ 일

위 청구인 : ○   ○   ○   (인)

광주광역시 행정심판위원회 귀중

⑻ 집행정지신청서 - 식품위생법 위반 영업정지에 갈음하는 과징금부과처분 취소
본안 판결 시까지 행정처분의 정지를 청구하는 집행정지신
청서 최신서식

행 정 처 분   집 행 정 지   신 청 서

신 청 인 : ○   ○   ○

피 신 청 인 : 부산광역시 해운대구청장

부산광역시 행정심판위원회 귀중

행 정 처 분 집 행 정 지 신 청 서

1.신 청 인

성명	○ ○ ○	주민등록번호	생략
주소	부산시 ○구 ○○로 ○○, ○○-○○호		
직업	사업	사무실 주 소	생략
전화	(휴대폰) 010 - 7123 - 0000		
대리인에 의한 신 청	□ 법정대리인 (성명 :　　, 　　연락처　　　　　) □ 청구대리인 (성명 : 변호사,　연락처　　　　　)		

2.피신청인

성명	부산광역시 해운대구청
주소	부산광역시 해운대구 중동2로 11(중동)
대 표 자	구청장　김성수
전화	(사무실) 051 - 749 - 4000
기타사항	과징금납입처분 취소

3. 과징금납입처분 집행정지신청 사건

신청의 취지

1. 피신청인이 ○○○○. ○○. ○○.자로 신청인에게 한 과징금납입처분은 ○○ 지방법원 ○○○○구○○○○호 과징금납입처분취소 청구사건의 본안판결확정시까지 그 효력 을 정지한다.

   라는 결정을 구합니다.

신청의 이유

1. 이 사건 처분의 내용

   피신청인은 ○○○○. ○○. ○○.자로 신청인에 대하여, 신청인이 식품위생법 제31조(영업자준수사항)규정을 위반하고 영업을 하다 적발 되어 식품위생법 제58조 및 제65조(과징금처분)규정에 의하여 영업정지 1월에 갈음한 과징금 6,000,000원의 부과 처분을 하였습니다(소갑 제1호증 행정처분통보 참조, 같은 호증의 2 과징금납입고지서 참조).

2. 신청인의 지위

   신청인은 부산시 해운대구 ○○로 ○○, ○○○호 소재에서 제1종 유흥업소인 '○○○(이하 "이 사건 업소'라고만 합니다)라는 상호로 유흥주점을 운영하는 업주이며(소갑 제2호증 사업자등록증 참조).

   신청 외 ○○○는 자신이 직접 고용한 사람들로 조직한 '○○○'라는 명칭 의 ○○을 운영하며 이 사건 업소를 비롯하여 동종업종의 여러 업소를 돌아다니며 공연을 하는 지입니다(소갑 제3호증 사업자등록증 참조).

3. 이 사건 처분경위

　　가. 신청인은 ○○○○. ○○. ○○.이 사건 업소의 사업자등록을 한 후 제1종 유흥 주점(이는 주로 주류를 판매하는 영업으로 유흥종사자를 두거나 유흥 시설을 설치할 수 있고 손님이 노래를 부르거나 춤을 추는 행위가 허용되는 영업입니다)을 운영해 오면서 관련법규를 철저히 준수하며 영업을 해왔던 터라, 이 사건으로 단속되기 전까지 약 ○년여 남짓 이 사건 업소를 운영해 오면서 단 한 번도 식품위생법 제31조영업자준수사항 규정을 위반 하는 행위를 한 직이 없고 그 밖의 사유로도 어떠한 행정처분이나 처벌을 받은 전력도 없습니다.

　　나. 하지만, 위와 같이 관련법규를 모두 준수하며 업소를 운영해오던 신청인이 피신청인으로부터 이 사건 처분을 받는 등의 문제가 발생한 경위는. 위 ○○○가 조직하여 운영하던 ○○(이하‘이 사건 ○○’이라 고만 합니다)의 이 사건 업소에서 ○○○○. ○○. ○○.부터 같은 해 ○○. ○○.경 까지 약 ○개월간 공연을 하게 되면서입니다.

　　그런데, 당시 이 사건 ○○은 이 사건 업소 외에도 이미 부산 동래구 등 여러 지역에 소재하는 동종업종의 업소를 돌아다니며 이 사건과 같은 공연을 해오고 있었지만 어떠한 문제도 발생치 않았던 상태였고, 무엇보다도 이 사건 ○○이 합법적으로 등록된 ○○이었으며 그 공연시간 또한 ○분여에 불과할 정도로 아주 짧은 시간이었기 때문에 신청인으로서는 그와 같이 합법적으로 등록된 공연단의 공연이 무슨 문제가 되겠냐 싶어 이 사건 업소에서 공연을 하게 하였던 것입니다.

　　다. 그렇지만 신청인은 이 사건 ○○이 이 사건 업소에서 공연을 하는 동안에 그와 관련하여 ○○○들의 무대의상, 공연내용 등의 일체의 행위에 대하여는 어떠한 관여를 한 바도 없는데, 이는 신청인이 ○○ 등록 등 그 운영과 관련된 법규 등에 무지하였던 이유에서 이기도 하였지만, 무엇보다 그와 관련된 모든 것들은 위 ○○을 조직하여 운영하였던 위 ○○○의 기획과 의도 하에 모두 진행되었던 이유에서입니다.

라. 그럼에도 불구하고, 피신청인은 마치 신청인이 ○○○를 고용하여 손님들
이 지켜보는 앞에서 ○○○들이 브래지어 및 팬티만 입은 채로 성행위를
묘사하는 춤을 추게 하는 등 음란행위를 조장하고 묵인하였다는 이유로
식품 위생법 제31조(영업자준수사항)규정을 위반하였다며 과징금
6,000,000원 의 부과 처분을 하였습니다(갑 제1호증 행정처분통보 참조).

마. 한편, 이 사건과 관련하여 위 ○○○가 소속되어 있는 ○○의 단장인 위
○○○는 풍속영업에 관한 법률 위반죄로 약식 기소(○○지방법원 약식명
령 참조), 이에 불복하여 곧바로 정식재판(○○지방법원 ○○○○고정○○
○○호 풍속영업의 규제에 관한 법률위반)청구를 하였고, 위 재판절차에
서 동인은 공연자 등록사항이 일부 인정되어 선고유예의 판결을 선고받
았습니다(소갑 제5호증 판결 참조).

4. 처분의 위법성

피신청인의 신청인에 대한 이 사건 처분은 아래와 같은 사유로 피신청인이
재량권을 일탈하였거나 남용한 위법한 처분이라 아니할 수 없습니다.

위에서 본바와 같이, ①이 사건 ○○이 합법적으로 등록된 ○○인 점, ② 이
사건 업소는 무대시설이 설치된 제1종 유흥업소로서 유흥종사자를 두거나
유흥시설을 설치할 수 있고 손님이 노래를 부르거나 춤을 추는 행위 까지도
허용되는 업소로서 그와 같은 곳에서 ○○○가 다소 특이한 무대의상을 입
고 공연을 하였다고 한들 이를 가지고 음란행위를 조장 또는 묵인하였다고
보는 데에는 다소 무리가 있는 점, ③더욱이 공연당시 ○○○들이 입었다는
브래이저 및 팬티 또한 일반인이 입는 속옷의 개념과는 전혀 다른 단 순히
무대 공연을 위하여 제작된 무대의상에 불과한 점, ④문제된 공연의 내용 또
한 신청인과는 무관하게 모두 ○○의 단장인 ○○○가 기획한 것이 라는 점,
⑤그리고 위 공연을 모두 기획한 위 ○○○가 이 사건과 관련하여 관련법에
의하여 등록된 합법적인 ○○을 운영하였다는 이유로 선고유예의 비교적 가
벼운 판결을 선고받은 점, ⑥특히 이 사건이 신청인의 업태 위반과는 아무런
관련이 없는 점 등에 비추어 피신청인이 신청인에게 한 이 사건 처분은 너
무 가혹하여 재량권의 범위를 일탈하였다고 볼 수밖에 없을 것입니다.

5. 긴급한 필요

가. 신청인은 현재 당뇨합병증 및 관절염, 요추 추간판탈출증(디스크) 증세로
   치료를 받고 있는 환자로서, 현재의 건강상태로는 마땅히 생계를 위한 활
   동을 할 수 조차 없는 상황이라 이러한 사정을 잘 알고 있는 주변의 친·
   인척들의 도움으로 어렵사리 돈(가게 보증금 및 인 테리어공사비 포함)을
   빌려 생계 및 병원비 등을 마련하고자 이 사건 업소를 운영하게 되었습
   니다.

나. 그러나 신청인과 같은 건강상태로는 정상인도 운영하기 힘이든 유흥업소
   를 운영한다는 것이 무리였는지 점점 더 건강상태가 악화되어 부득이 업
   소의 운영을 위하여 종업원을 고용하여 동인에게 이를 맡기 다 시피하다
   보니 당연히 그 수입 또한 변변치 못하여 업소의 한 달 평균소득이라고
   해봐야 고작 금 6,000,000원 정도에 불과 하였습니다(소갑 제6호증 징수
   결정결의서 참조).

다. 더구나 위 수입 또한 모두 신청인이 얻을 수 있는 순수한 영업수익은 아
   니어서 이를 가지고 업소를 운영하고자 빌린 차용금에 대한 매달 이자를
   지급하고, 업소 종업원들의 급료 및 가게 운영을 위한 식자재 의 구입 그
   리고 각종 공과금(전기요금, 전화요금 등)등을 모두 지급 하고 나면 신청
   인의 생계비 및 병원비로 사용하기에도 버거워 사실상 적자의 상태에서
   벗어나지를 못하고 있는 실정입니다.

라. 그렇기 때문에 신청인의 경우 만일 이 사건 행정처분이 확정되어 과징금
   6,000,000원을 납부하게 되거나, 또는 이를 납부하지 못하여 영업정지 1
   월의 처분을 받게 되어, 어느 한 달이라도 업소의 정상적인 운영을 하지
   못하여 일정한 수익을 득하지 못할 경우 치용 금에 대한 압박 및 자신의
   생계비 및 병원비조차도 마련하지 못하여 경제적으로는 물론 건강상에도
   아주 다급한 상황에 처하게 될 것은 자명한 일입니다.

마. 신청인이 위 행정처분에 대하여 급히 집행정지 결정을 받아 두지 못 할

경우 신청인은 법원에서 위 처분의 적법성 여부를 심사받을 이익 도 잃게 되는 것이므로 이 사건에 있어 행정소송법 제23조 제2항이 규정한'긴급한 필요'는 더욱 인정된다 할 것입니다.

바. 그런 이유로 신청인은 현재 피신청인를 상대로 귀원에 과징금납입처 분취소를 청구하는 본안 소송을 제기한 상태입니다(소갑 제7호증 소장접수 증명원 참조).

6. 결론

위에서 본바와 같이 피신청인의 위 과징금납입처분의 집행으로 인하여 신청인에게 생길 회복하기 어려운 손해를 예방하기 위하여 긴급한 필요가 있으며, 위 처분의 취소를 구하는 본안소송도 제기되어 있으므로 이 사건 신청을 인용하여 행정소송법 제23조에 의하여 위 행정처분의 효력을 정지하여 주시 기 바랍니다.

소명자료 및 첨부서류

1. 소 갑제1호증　　　　　　　　　　　　　행정처분통보

1. 소 갑제2호증의 1　　　　　　　　　　　과징금납입고지서

1. 소 갑제2호증의 2　　　　　　　　　　　사업자등록증

1. 소 갑제3호증　　　　　　　　　　　　　약식명령서

○○○○ 년 ○○ 월 ○○ 일

위 신청인 : ○　○　○　(인)

부산광역시 행정심판위원회 귀중

행 정 처 분   집 행 정 지   신 청 서

신 청 인 : ○ ○ ○

피 신 청 인 : 인천광역시 연수구청장

인천광역시 행정심판위원회 귀중

행 정 처 분 집 행 정 지 신 청 서

1.신 청 인

성명	○ ○ ○	주민등록번호	생략
주소	인천시 ○○구 ○○로 ○○, ○○-○○호		
직업	사업	사무실 주 소	생략
전화	(휴대폰) 010 - 7123 - 0000		
대리인에 의한 신 청	□ 법정대리인 (성명 : , 연락처) □ 청구대리인 (성명 : 변호사, 연락처)		

2.피신청인

성명	인천광역시 연수구청
주소	인천광역시 연수구 원인재로 115(동춘동)
대 표 자	구청장 이재호
전화	(사무실) 032 - 749 - 7110
기타사항	과징금납입처분 취소

3.과징금납입처분 집행정지신청 사건

신청취지

피신청인이 ○○○○. ○○. ○○.자로 신청인에게 한 영업정지처분은 인천지방법원 ○○○○구○○○호 영업정지처분취소 청구사건의 본안판결확 정시까지 그 효력을 정지한다.

라는 결정을 구합니다.

신청이유

1. 이 사건 처분의 내용

피신청인은 ○○○○. ○○. ○○.자로 신청인에 대하여. 신청인이 음악 산업 진흥에 관한 법률 제27조 규정을 위반(노래연습장업 준수사항, 주류 판매)하고 영업을 하다 적발되어 동법 제27조 제1항의 제5호의 규정에 의 하여 영업정지 ○○일(○○○○. ○○. ○○.~○○○○. ○○. ○○)의 처분을 하였습니다(소갑 제1호증의 1 행정처분알림, 같은 1호증의 2 행정처분명령서 각 참조).

2. 이 사건 처분경위

가. 신청인은 현재 뇌경색. 재발성우울성장애. 신경병증 있는 당뇨병, 고 혈압, 혼합성 고지혈증 등의 증세로 치료를 받고 있는 뇌병변 3급의 중증 장애를 가지고 있는 장애인으로서, 생계를 위한 어떠한 구직활동도 불가 능한 처지에 있는 국민 기초생활보장법상의 기초생활수급자입니다(소갑 제2호증의 1 진단서, 같은 호증의 2 장애인증명서, 같은 호증의 3 수급 자증명서 각 참조).

나. 그러나 신청인에게는 한 집안의 장남이자 한 가정의 가장으로서 처와 초등학교 5학년생인 아들 그리고 현재 노환으로 거동조차도 불편한 팔순을 바라보는 아버지(○○○, ○○○○. ○○. ○○.생)를 부양해야 할 형편에 있어 자신의 장애 및 그에 대한 치료를 위하여 마냥 요양이나 하고 있을 형편에 있지 않습니다.

다. 장애를 가지고 있는 신청인의 처지에 아무리 구직활동을 한다고 한들 신청인이 원하는 곳에 취업을 할 만한 형편도 아닐 뿐만 아니라 장애를 가지고 있는 신청인을 채용하겠다고 나서는 곳조차 한 곳 없었기에 신청인은 이에 좌절한 나머지 한동안 자신의 처지를 한탄하며 자살까지도 생각하였던 적이 한 두 번이 아니었습니다.

라. 그러던 중 위와 같은 신청인의 처를 딱히 여긴 주변의 지인들이 신청인에게"별다른 기술 없이도 아르바이트 학생 하나만 잘 두면 생계비 정도를 버는 데에는 아무런 문제가 없을 것이다"라고 하며 이 사건 노래방 영업을 권유하는 것이었습니다.

마. 이에 신청인은 오랜 기간 고민을 한 끝에- 현실적으로 장애를 가진 신청인이 정상인들과 같은 일을 할 수 있는 곳을 찾는다는 것이 불가능하다는 판단 하에 주변 지인들의 권유에 따라 이 사건 노래방운영을 하게 되었던 것이지만, 신청인이 그와 같은 결정을 하고나서도 정작 문제가 되었던 것은 노래방 운영을 위한 자금을 마련하는 일이었습니다.

바. 그래서 신청인은 아버지인 신청 외 ○○○에게 그와 같은 사정 이야기를 하며 돈을 빌려줄 것을 .부탁하여 아버지로부터 자신의 전재산이나 다름없는 ○○아파트를 담보로 대출받은 금 ○,○○○만 원을 빌리고, 그 외 시채로 금 ○,○○○만 원을 빌려 합계 금 ○,○○○만 원을 마련한 후, '인천시 ○○구 ○○로길 ○○, ○○빌딩 ○층 약 ○○○.○○㎡를 보증금 ○,○○○만 원, 월차임 ○,○○○,○○○원으로 정하여 임차한 후 나머지 돈으로 기계를 구입하고 돈을 빌려준 아버지 명의로 사업자등록을 한 후

에 ○○노래방(이하, 앞으로는"이 사건 노래방"이라 합니다)이라는 상호로 난생처음 노래방이라는 것을 운영하게 되었습니다(소갑 제3호증 사업자등록증 참조).

사. 신청인은 위와 같이 어렵게 돈을 마련한 후 노래방운영을 전적으로 가족들의 생계를 위해 운영하는 것이라서 어떠한 문제라도 발생할 경우 당장 가족들의 생계는 물론 은행대출금에 대하여 이자 및 특히 사채 이자에 대한 상환 압박을 받는 처지에 놓일 수가 있고 그렇게 되면 하루아침에 신용불량자로까지 전락할 수가 있어 관련법규를 철저히 준수하며 영업을 하였습니다.

아. 하지만, 위와 같이 관련법규를 모두 준수하며 노래방을 운영해오던 신청인이 피신청인으로부터 이 사건 처분을 받게 된 경위는, 대체로 노래방을 찾는 손님들이 다른 곳에서 1차로 어느 정도 술을 마시고 와서 2차로 여흥을 즐기기 위하여 찾는 손님들이 대부분이고 노래방에 들어와서도 대부분은 술을 가져다 달라고 하든지 아니면 도우미를 불러 달라고 하기 일쑤였고, 만일 그와 같은 손님들의 요구를 충족시켜주지 못할 경우 그 중 대부분의 손님들은 대놓고 신청인에게 하는 말이"뭐 이런 데가 다 있어, 장사를 하겠다는 거야 말겠다는 거야"라고 큰소리를 치며 가게를 박차고 나가는 일이 태반이었습니다.

자. 그러다보니 신청인은 막상 노래방 영업을 시작하였지만 주변의 지인들로부터 들었던 수익이 발생하기는커녕 시간이 지날수록 노래방을 찾는 손님들마저 뜸 해제 당장 노래방의 임대료조차 지급하기 어려운 형편에 놓였을 뿐만 아니라 사채 이자에 대한 압박을 받는 등 노래방을 운영하기 전보다 더욱더 어려운 경제적인 상태에 놓이게 되었습니다.

차. 그래서 신청인은 경제적으로 너무도 어려운 나머지 당장의 생계비 등을 마련하고자 하는 욕심에서 노래방을 찾는 손님들 중 술을 찾는 손님이 있거나 도우미를 찾는 손님이 있을 경우 처음에는 술을 팔지 않고 도우

미도 없다고 말을 하다가 만일 손님들이 그 말을 듣고 노래방을 나가려고 하면 그때서야 노래방 영업상 어쩔 수 없이 그들에게 술을 판매하거나 도우미를 알선해 주었던 것인데 그 경위야 어찌되었던 그에 대하여는 무어라 변명할 여지없이 그저 죄송할 따름입니다.

3. 처분의 위법성

피신청인의 신청인에 대한 이 사건 처분은 아래와 같은 사유로 피신청인이 재량권을 일탈하였거나 남용한 위법한 처분입니다.

위에서 본바와 같이, 신청인은 노래방을 운영하였던 기간이 3개월여에 불과하였고, 당초에는 관련법규를 준수하며 노래방을 운영하였지만 그 결과 점차 시간이 흐를수록 영업상 수익이 거의 발생치 아니하여 당장의 임대료 및 사채이자 등에 대한 압박을 거세게 받는 상황에서 생계를 위하여 어쩔 수 없이 관련법규를 위반하여 영업을 하였던 점, 신청인이 자신의 잘못을 깊이 반성하며 다시는 위와 같은 잘못을 반복치 않을 것을 굳게 다짐하고 있는 점’만일 신청인이 노래방 영업을 ’○○일 동안 정지할 경우 현재 경제적으로 조금의 여유도 없는 상황에서 당장 임대료 지급 및 은행대출금에 대한 원리금 상환 그리고 사채 이자에 대한 압박 등으로 생계에 막대한 영향을 미치게 되는 점 등에 비추어 피신청인이 신청인에게 한 이 사건 처분은 너무 가혹하여 재량권의 범위를 일탈하였다고 볼 수밖에 없습니다.

4. 긴급한 필요

가. 신청인은 위에서 본 바와 같이 현재 뇌경색, 재발성우울성장애, 신경병증 있는 당뇨병. 고혈압, 혼합성 고지혈증 등의 증세로 치료를 받고 있는 뇌병변 3급의 중증장애를 가지고 있는 장애인으로서, 생계를 위한 어떠한 구직활동도 불가능한 처지에 있는 국민기초생활보장법 상의 기조생활수급자입니다. 현재의 건강상태로는 마땅히 생계를 위한 활동을 할 수 조자 없어 아버지로부터 돈을 빌리고 일부 사채를 빌려 생계 및 병원비 등을 마련하고자 이 사건 노래방을 운영하게 되었습니다.

나. 신청인과 같은 건강상태로는 정상인도 운영하기 힘이든 업소를 운영한다
는 것이 무리였는지 시간이 지날수록 점점 더 건강상태가 악화 되어 부
득이 업소의 운영을 위하여 종업원을 고용하여 동인에게 이를 맡기다시
피 하다 보니 당연히 그 수입 또한 변변치 못하여 업소의 한 달 평균소
득이라고 해봐야 얼마 되지를 아니하였습니다.

다. 더구나 위 수입도 모두 신청인이 얻을 수 있는 순수한 영업수익은 아니
어서 이를 가지고 노래방을 운영하고자 빌린 차용금에 대한 매달 이자를
지급하고. 업소 종업원의 급료 및 가게 운영을 위한 각종 공과금(전기요
금, 전화요금 등) 등을 모두 지급하고 나면 신청인의 생계비 및 병원비로
사용하기에도 버거워 사실상 적자의 상태에서 벗어나지를 못하고 있는
실정입니다.

라. 그렇기 때문에 신청인의 경우 만일 이 사건 행정처분이 확정되어 영업정
지 ○○일의 처분을 받게 되고, 그로 인하여, 그 기간 동안 업소의 정상
적인 운영을 하지 못할 경우 차용금에 대한 압박 및 자신의 생계비 및
병원비조차도 마련하지 못하여 경제적으로는 물론 건강상에도 아주 다급
한 상황에 처하게 됩니다.

마. 신청인이 위 행정처분에 대하여 급히 집행정지 결정을 받아 두지 못할
경우 신청인은 법원에서 위 처분의 적법성 여부를 심사받을 이익도 잃게
되는 것이므로 이 사건에 있어 행정소송법 제23조 제2항에서 규정한'긴
급한 필요'는 더욱 뚜렷하다고 할 것입니다.

바. 그런 이유로 신청인은 현재 피신청인를 싱대로 귀원에 과징금납입처분 취
소를 청구하는 본안 소송을 제기한 상태입니다(소갑 제4호증 소장접수 증
명원 참조) .

5. 결론

위에서 본바와 같이 피신청인의 위 과징금납입처분의 집행으로 인하여 신청
인에게 생길 회복하기 어려운 손해를 예방하기 위하여 긴급한 필요가 있으
며, 위 처분의 취소를 구하는 본안소송도 제기되어 있으므로 이 사건 신청
을 인용하여 행정소송법 제23조에 의하여 위 행정처분의 효력을 정지 하여
주시기 바랍니다.

소명자료 및 첨부서류

1. 소 갑제1호증   행정처분통보

1. 소 갑제2호증의 1   과징금납입고지서

1. 소 갑제2호증의 2   사업자등록증

1. 소 갑제3호증   진단서

1. 소 갑제4호증   장애인증명서

○○○○ 년 ○○ 월 ○○ 일

위 신청인 : ○ ○ ○ (인)

인천광역시 행정심판위원회 귀중

행정처분 집행정지 신청서

신 청 인 : ○ ○ ○

피 신 청 인 : 충 청 남 도 서 산 시 장

충청남도 행정심판위원회 귀중

행 정 처 분 집 행 정 지 신 청 서

1.신 청 인

성명	○ ○ ○	주민등록번호	생략
주소	충남 서산시 ○○로 ○○, ○○-○○○호		
직업	사업	사무실 주 소	생략
전화	(휴대폰) 010 - 2345 - 0000		
대리인에 의한 신　청	□ 법정대리인 (성명 :　　　,　　　연락처　　　　　　) □ 청구대리인 (성명 : 변호사,　연락처　　　　　)		

2.피신청인

성명	충청남도 서산시청
주소	충청남도 서산시 관이문길 1(읍내동)
대 표 자	시장 이완섭
전화	(사무실) 1422 - 45
기타사항	숙박업 영업정지 처분 집행정지 신청

3.숙박업 영업정지 처분 집행정지신청 사건

신청취지

1. 피신청인이 ○○○○. ○○. ○○.신청인에 대하여 한 충남 서산시 ○○로길 ○○,에 있는 ○○○모텔에 관한 영업정지(○○○○. ○○. ○○.부터 ○○ ○○. ○○. ○○.까지)처분은 대전지방법원 서산지원 ○○○○구○○○○호 숙박업 영업정지처분취소 청구사건의 본안판결 확 정시 까지 그 효력을 정지한다.

   라는 결정을 구합니다.

신청이유

1. 이 사건 처분의 내용

   가, 신청인은 충남 서산시 ○○로길 ○○, 소재 ○○○모텔에 관하여 ○○○○. ○○. ○○.자신의 명의로 숙박업허가 명의변경을 하고 이래 위 여관을 경영하여 왔습니다.

   나, 다만 신청인은 현재 건축업을 하고 있는 관계로 위 모텔을 직접 경영할 수 없어 신청 외 ○○○으로 하여금 경영하게 하다가 ○○○○. ○○. ○○.부터는 신청 외 문○○로 하여금 경영하게 하고 있습니다.

   다, 그런데 피신청인은 신청인이 윤락행위알선 및 장소제공을 하였다는 이유로 ○○○○. ○○. ○○.공중위생관리법 제11조 제1항의 규정에 의하여 같은 해 ○○. ○○.부터 2개월간 위 숙박업소에 대한 영업정지처분을 하였습니다.

라, 피신청인의 행정처분이나 명령서만으로는 구체적인 위반사항이 무엇인지 확실히는 알 수 없으나 그간 있었던 형사사건 등으로 미루어 볼 때 위 ○○○이 경영하고 있을 당시인 ○○○○. ○○. ○○.부터 같은 해 ○○. 초순경 사이에 정○○와 김○○에 대하여 윤락행위를 알선하였다는 취지인 것으로 보여 집니다. 그렇게 오래된 일이 어떻게 하여 뒤늦게 문제로 되었는지 모르겠습니다만, 신청인은 물론 당시 영영자인 위 김○○조차도 그런 일이 있는 줄은 전혀 알지 못했고 지금도 마찬가지입니다,

마, 혹시 만에 하나 당시 있던 종업원이 몰래 그런 짓을 하였는지 모르겠습니다. 가사 그렇다고 하더라도 신청인이 ○○○○. ○○. ○○.부터 오랫동안 숙박업을 해오면서도 한 번도 법에 어긋나는 짓을 하여 무슨 행정처분을 받은 적이 없는 점, 이미 상당히 오래된 일이라는 점, 알선했다는 사람도 두 사람 뿐 인 점 등을 고려할 때 돌연 2개월이나 되는 영업정지처분을 하는 것은 지나치게 가혹한 처분이라고 생각됩니다.

바, 없는 돈에 여기 저기 끌어 모아 위 모텔을 경영하고 있는 문○○나 그 종업원들의 입장까지 고려하면 더욱 그러합니다. 위와 같이 본건 처분은 처분의 근거가 없거나 재량권의 일탈 내지는 남용 에 의한 것으로 위법 부당하다 할 것이어서 마땅히 취소되어야 할 것입니다.

2. 긴급한 필요

가. 만약 위 처분이 그대로 집행된다면 신청인이 후일 본안 소송에서 승소한다고 하더라도 이로 인하여 회복하기 어려운 손해를 입게 될 것임이 명백하므로 그 집행을 정지하여야 할 긴급할 필요가 있습니다.

나. 그렇기 때문에 신청인의 경우 만일 이 사건 행정처분이 확정되어 영업정지 ○○일의 처분을 받게 되고, 그로 인하여, 그 기간 동안 업소의 정상적인 운영을 하지 못할 경우 신청인이 위 행정처분에 대하여 급히 집행정지 결정을 받아 두지 못할 경우 신청인은 법원에서 위 처분의 적법성 여부를 심사받을 이익도 잃게 되는 것이므로 이 사건에 있어 행정소송법 제23조 제2항에서 규정한‘긴급한 필요’는 더욱 뚜렷하다고 할 것입니다.

3. 결론

　　위에서 본바와 같이 피신청인의 위 영업정지 처분의 집행으로 인하여 신청
　　인에게 생길 회복하기 어려운 손해를 예방하기 위하여 긴급한 필요가 있으
　　며, 위 처분의 취소를 구하는 본안소송도 제기되어 있으므로 이 사건 신청
　　을 인용하여 행정소송법 제23조에 의하여 위 행정처분의 효력을 정지 하여
　　주시기 바랍니다.

소명자료 및 첨부서류

1. 소 갑제1호증　　　　　　　　　　　　　　　　　　　행정처분통보

1. 소 갑제2호증의 1　　　　　　　　　　　　　　　　사업자등록증

1. 소 갑제2호증의 2　　　　　　　　　　　　　　　　행정심판청구서

○○○○ 년 ○○ 월 ○○ 일

위 신청인 : ○　○　○　(인)

충청남도 행정심판위원회 귀중

(11) 영업정지 처분 취소 - 행정소송 소장 한의사의 과대광고에 해당하는 문구가
들어있어 영업정지 과징금부과처분의 취소를 구하는
행정소송 소장 최신서식

소　　　　　　　　　장

원 고 : ○　　　　○　　　　○

피 고 : 수 원 시 장 안 구 청 장

영업정지 처분 취소

소송물 가액금	금　50,000,000 원
첨부할 인지액	금　230,000 원
첨부한 인지액	금　230,000 원
납부한 송달료	금　110,000 원
비　　　고	

수원지방법원 귀중

소 장

1. 원고

성명	○ ○ ○	주민등록번호	생략
주소	경기도 수원시 ○○구 ○○로 ○○, ○○○호		
직업	한의사	사무실 주 소	생략
전화	(휴대폰) 010 - 9876 - 0000		
기타사항	이 사건 원고입니다.		

2. 피고

성명	수원시 장안구청
주소	경기도 수원시 장안구 송원로 101(초원동)
대 표 자	구청장 이일희
전화	031 - 5191 - 2114
기타사항	이 사건 피고입니다.

3.영업정지 처분 취소

청구취지

1. 피고가 ○○○○. ○○. ○○. 원고에 대하여 한 영업정지 처분을 취소한다.

2, 소송비용은 피고의 부담으로 한다.

   라는 판결을 구합니다.

청구원인

1. 처분의 경위

   가, 원고는 경기도 수원시 장안구 ○○로길 ○○,에서 ○○한의원이라는 상호로 한의원을 개설하여 운영하고 있는 한의사입니다.

   나, 피고는 ○○○○. ○○. ○○.원고가 ○○○○. ○○. ○○. 수원 ○○○일보에 기사 형식으로 게재한 한의원의 광고(이하'이 사건 광고'라고 줄여 쓰겠습니다) 중'한·양방 협진시스템'이라고 기재한 부분이 구 의료법(2007. 1, 3. 법률 제8203호로 개정되기의 것) 제46조 제1항에서 정한 '의료기관의 과대광고'에 해당한다는 이유는 구 의료법(2007. 4. 11. 법률 제8366호로 전문 개정되기 전의 것) 제51조 제1항 제5호, 제53조의2, 제53조의3, 의료법 시행령 제33조 [별표]'과징금 부과기준 중 12등급, 의료관계 행정처분규칙 제4조 [별표] K2007. 4. 9 보건복지부령 제394호로 개정되기 전의 것), 개별기준 중 나의 항을 적용하여 원고에 대하여 업무정지 1월에 갈음하는 과징금 오백만원을 부과하는 이 사건 처분을 하였습니다.'.

2. 처분의 위법성

원고는 한의사로서 질병으로 고통 받는 환자들의 치료를 효율적으로 하기 위하여 한방과 의학의 장점을 살려 치료하여야겠다는 생각으로'이비인후과'와 협진 약 ○○을 체결하여 한방만으로 치료가 어려운 환자에 대하여 한방과 양학협진으로 치료하였으므로 이 사건 광고 중'한·양방 협진시스템'이라는 문구가 과대광고에 해당함을 전제로 한 이 사건 피고의 처분은 위법하고, 설령 과대광고에 해당한다 하더라도 원고의 경제적 어려움과 그 동안 지역사회에 봉사하여 온 점 등을 감안하면'이 사전 처분은 과잉금지의 원칙 또는 비례의 원칙에 위배하여 재량권을 크게 일탈하여 남용한 처분이어서 위법합니다.

3. 결론

원고는 위와 같이 이 사건 피고의 각 처분은 위법하므로 이의 취소를 구하는 본 건 행정 소송에 이르게 되었습니다.

소명자료 및 첨부서류

1. 갑 제1호증	영업정지처분
1. 갑 제2호증	이 사건 광고문
1. 갑 제3호증	비뇨기과 약정서

○○○○ **년** ○○ **월** ○○ **일**

위 원고 : ○ ○ ○ **(인)**

수원지방법원 귀중

(12) 과징금부과 처분 취소 - 성매매알선 과징금부과 처분 취소 행정소송 소장 종
　　　　　　　　　　업원이 근무지를 벗어나 일어난 것으로 부당하여 취
　　　　　　　　　　소를 구하는 행정소송 소장 최신서식

소　　　　　　장

원 고 : ○　　　　○　　　　○

피 고 : 대전광역시　유성구청장

과징금부과 처분 취소

소송물 가액금	금　46,000,000 원	
첨부할 인지액	금　212,000 원	
첨부한 인지액	금　212,000 원	
납부한 송달료	금　110,000 원	
비　　　고		

대전지방법원 귀중

소　　　　　　　　　　장

1. 원고

성명	○ ○ ○	주민등록번호	생략
주소	대전시 ○○구 ○○로 ○○, ○○○-○○○호		
직업	상업	사무실 주　소	생략
전화	(휴대폰) 010 - 3456 - 0000		
기타사항	이 사건 원고입니다.		

2. 피고

성명	대전시 유성구청
주소	대전광역시 유성구 대학로211
대 표 자	구청장 정용래
전화	042 - 611 - 2114
기타사항	이 사건 피고입니다.

3.과징금부과 처분 취소

청구취지

1. 피고가 ○○○○. ○○. ○○.원고에 대하여 한 과징금 46,000,000원의 부과
   처분을 취소한다.

2. 소송비용은 피고의 부담으로 한다.

   라는 판결을 구합니다.

청구원인

1. 처분의 경위

   (1) 원고는 ○○○○. ○○. ○○.부터 대전시 유성구 ○○로 ○○,에서 ○○○
   하는 상호로 유흥 주점(이하'이 사건 영업장'이라 줄여 쓰겠습니다)을 운
   영하고 있습니다.

   (2) 대전 유성경찰서장은 ○○○○. ○○. ○○.피고에게'이 사건 영업장의 종
   업원인 ○○○을 비롯한 ○○구 일대의 유흥주점의 종업원들이 ○○○○.
   ○○. ○○.부터 같은 해 ○○.경까지 사이에 각 자신이 근무하는 유흥주
   점을 찾은 손님들을 성매매 알선업자인 ○○○등에게 소개하여 주고 1인
   당 5만원씩의 성매매알선비를 수수하는 등으로 성매매알선 등 행위의 처
   벌에 관한 법률을 위반하였다'는 취지의 수사결과를 통보하면서 이 사건
   영업장을 운영하는 원고에 대한 행정처분을 의뢰하였습니다.

(3) 이에 피고는 처분사전통지 및 청문절차를 거쳐 ○○○○. ○○. ○○.원고에게 ○○○의 위와 같은 성매매알선행위(이하'이 사건 성매매알선행위'라 합니다)와 관련하여'종업원이 영업장을 벗어나 시간적 소요의 대가로 금품을 수수하거나, 종업원의 이러한 행위를 조장하거나 묵인하는 행위(윤락행위 알선)를 하였음을 이유로 구 식품위생법(2007. 12. 21. 법률 제8779호로 개정되기 전 의 것, 이하 '구법'이라 합니다)제31조 체1항, 제58조 제1항 제1호, 체65조 제1항, 구법 시행규칙 제42조 관련 [별표 13] 제5호 타목 (5등을 적용하여 영업정지 2월에 갈음히는 과징금 63,600,000원을 부과하였습니다(이하'이 사 건 처분'이라 합니다).

2. 처분의 위법성

이 사건 성매매알선행위는 구법 시행규칙 제42조 관련[별표 13] 제5호 타목 (5) 소정의'식품접객업자의 영업자 또는 종업원이 영업장을 벗어나 시간적 소요의 대가로 금품을 수수한 행위'에 해당한다고 볼 수 없고, 가사 이 사건 성매매알선 행위가 위 규정 소정의 행위에 해당한다고 하더라도, 원고가 종업원인 ○○○의 그와 같은 행위를 조장하거나 묵인한 바가 없으므로. 피고가 위 규정을 적용하여 한 이 사건 처분은 위법 합니다.

3. 결론

이상과 같이 이 사건 처분은 위법하므로 이의 취소를 구하는 본 건 소송 에 이르게 되었습니다.

소명자료 및 첨부서류

1. 갑 제1호증   과징금부과 처분

1. 갑 제2호증   확인서

○○○○ 년 ○○ 월 ○○ 일

위 원고 : ○ ○ ○ (인)

대전지방법원 귀중

(13) 영업정지 처분 취소 - 행정소송 소장 노래방 영업정지 처분 취소 행정소송
　　　손님들이 술을 가지고 들어온 것이지 묵인하거나 술
　　　을 판매한 것이 아니므로 취소를 구하는 행정소송 소
　　　장 최신서식

소　　　　　　　　장

원 고 : ○　　　○　　　○

피 고 : 충 청 남 도 보 령 시 장

영업정지 처분 취소

소송물 가액금	금　　50,000,000 원
첨부할 인지액	금　　　230,000 원
첨부한 인지액	금　　　230,000 원
납부한 송달료	금　　　110,000 원
비　　　　고	

대전지방법원 홍성지원 귀중

소 　　　　　　 장

1. 원고

성명	○ ○ ○	주민등록번호	생략
주소	충청남도 보령시 ○○로 ○○, ○○○호		
직업	상업	사무실 주　소	생략
전화	(휴대폰) 010 - 9876 - 0000		
기타사항	이 사건 원고입니다.		

2. 피고

성명	충청남도 보령시
주소	충청남도 보령시 성주산로 77,
대 표 자	시장 김동일
전화	041 - 930 - 3114
기타사항	이 사건 피고입니다.

3.영업정지 처분 취소

청구취지

1. 피고가 ○○○○. ○○. ○○. 원고에 대하여 한 ○○○○. ○○. ○○.　부터 ○○○○. ○○. ○○.까지(2개월)의 영업정지처분은 이를 취소한다.

2. 소송비용은 피고의 부담으로 한다.

　라는 판결을 구합니다.

청구원인

1. 처분의 경위

　원고는 ○○○○. ○○. ○○. 충청남도 보령시 ○○로 ○○○, 지하실 ○○○.○○㎡에서 "○○노래방"이라는 상호의 노래방을 인수하여 영업의 승계인 신고를 하여 피고로부터 갱신 등록증을 득한 후 경영해 왔는데, 피고는 원고가 ○○○○. ○○. ○○.경 위 노래방에 주류를 반입을 묵인하였다는 이유로 ○○○○. ○○. ○○.원고에 대하여 ○○○○. ○○. ○○.부터 ○○○○. ○○. ○○.까지 2개월 간 위 노래방의 영업을 정지할 것을 명하는 처분을 하였습니다.

2. 처분의 위법성

　이 사건 처분은 다음과 같은 점에서 위법하므로 취소되어야 합니다.

(1) 음악산업 진흥에 관한 법률상 노래 연습장업자의 준수사항으로 "주류를 판매 제공하지 아니할 것"라고 규정하고 있는바, 원고의 업소에서는 노래방 이용 손님에게 주류를 판매·제공한 사실이 없습니다. 이 사건의 경우

는 30대 중 반 남자 김○○ 외 4명이 위 노래방에 들어와 1시간동안 노
래를 부르고 가겠다고 하여 1시간대실료 금 13,000원을 받고 노래기기
에 음악을 제공한 사 실은 있었으나 음악산업 진흥에 관한 법률 제22조
제1항 제3호에 정한"주류를 판매·제공"한 행위에 해당하지 아니한다 할
것입니다.

(2) 이 사건 당일 ○○:○○경 위 30대 남자 안○○ 외 일행 4명이 만취상태
에서 노래방에 들어와 1시간만 노래를 부르고 가겠다고 하여 ○○○호를
대실한 사실 이 있으나 위 손님 중에 1명이 품속에 캔맥주 5개를 노래방
종사자 모르게 반입하여 5명이 ○○○호 내에서 나누어 마신 후 빈 캔을
휴지통에 버린 것을 피고의 소속 단속공무원이 원고가 주류반입을 묵인
한 것으로 오인하여 위 같은 처분한 것으로 사료됩니다.

3. 처분의 부당성

원고는 위와 같다면 노래방 종사자로 내방 손님이 품속에 주류를 숨겨 반입
하는 것까지 이를 막을 방법이 없다할 것입니다. 가사 원고가 주류반입을
알고 있었다고 하더라도 만취한 손님에게 주류반입을 금지할 경우 손님이
이에 응할 손님 이 거의 없는 현실에서 단순히 소극적으로 이를 제지하지
아니하였다는 이유로 원고에게 생계수단인 노래방 영업정지 처분은 가혹하
고 부당하다할 것입니다.

따라서 위 같은 사정에 비추어 원고를 비난하기 어렵고, 이 사건의 실체에
비추어 볼 때 이 사건처분은 지나치게 형식에만 치우쳐 그 처분으로 달성하
려는 원래 목적에서 일탈하는 결과에 이르게 될 것인 바 그렇다면 이 사건
처분은 원고에게 과도한 것으로 부당하다고 아니할 수 없어 마땅히 취소를
면키 어렵다고 할 것입니다.

4. 결론

원고는 위와 같이 이 사건 피고의 각 처분은 위법하므로 이의 취소를 구하
는 본 건 행정 소송에 이르게 되었습니다.

소명자료 및 첨부서류

1. 갑 제1호증 　　　　　　　　　　영업정지 처분

1. 갑 제2호증 　　　　　　　　　　노래방 사업자등록증

1. 갑 제3호증 　　　　　　　　　　사실확인서

○○○○ 년 ○○ 월 ○○ 일

위 원고 : ○　○　○　(인)

대전지방법원 홍성지원 귀중

(14) 집행정지신청서 – 영업정지처분 취소 행정소송 미성년자 혼숙을 묵인한 것이
아니라 몰래 숨어 들어간 것이므로 행정소송제기 판결 선
고 시까지 영업정지 처분의 집행정지 신청서 최신서식

집 행 정 지 신 청 서

신 청 인 : ○　　　　○　　　　○

피신청인 : 광 주 시 동 구 청 장

첨부할 인지액	금	2,000 원
첨부한 인지액	금	2,000 원
납부한 송달료	금	22,000 원
비　　　　고		

광주지방법원 귀중

집 행 정 지 신 청 서

1.신 청 인

성명	○ ○ ○	주민등록번호	생략
주소	광주시 ○○구 ○○로 ○○, ○○○-○○○호		
직업	상업	사무실 주 소	생략
전화	(휴대폰) 010 - 3456 - 0000		
기타사항	이 사건 신청인입니다.		

2.피신청인

성명	광주시 동구청
주소	광주광역시 동구 서남로1(서석동)
대 표 자	구청장 임 택
전화	062 - 608 - 2114
기타사항	이 사건 피신청인입니다.

3. 영업정지처분 효력정지신청

신청취지

1. 피신청인이 ○○○○. ○○. ○○. 신청인에 대하여 한 영업정지처분은 이 법원 ○○○○구단○○○○호 영업정지처분취소 사건의 판결 선고 시까지 그 효력을 정지한다.

라는 결정을 구합니다.

신청이유

1. 처분의 경위 및 단속요지

　가. 신청인은 ○○○○년 경부터 광주시 동구 ○○로 ○○○, 지상 4층 건물(소유주 : ○○○)중 여관으로 사용되는 2층에서 4층까지를 소유주로부터 임차하여「○○파크모텔」이란 상호로 여관업을 하고 있습니다. 따라서 영업허가와 사업자등록 명의는 모두 건물소유주인 ○○○ 명의이나 신청인이 처남인 ○○○ 명의로 임차하여 실질적으로 영업을 하고 있는 것입니다.

　나. 피신청인은 ○○○○. ○○. ○○. 신청인에 대하여 청소년이 혼숙하거나 하도록 내버려 두었다는 이유로 ○○○○. ○○. ○○.부터 ○○○○. ○○. ○○.까지 2개월간의 영업정지처분을 하였습니다.

2. 처분의 원인이 된 사건

　가. ○○○○. ○○. ○○. 23:30 경 신청인은 처인 ○○○와 함께 위 여관에 있는데 ○○○(당시는 이름을 몰랐음, 이하 ○○○)가 혼자 와 "방이 있느냐"고 물었는데, 당시 ○○○는 파마 스타일의 어깨까지 차는 긴 머리에,

두텁고 투박한 점퍼를 입고 있어서 20대 중반 이상의 여자로 보였기 때문에, 아무런 의심 없이 ○○○호실로 안내 해 주었습니다.

나. 그런데, ○○○는 ○○분 정도 후에 카운터에 와서는 신청인에게"누구 내려가는 거 못 봤느냐?"라고 물어 신청인은"왜 그러세요."하니"친구가 왔다가 슈퍼에 뭐 사러갔는데 아직 안 온다."고 말하여, 신청인은 "친구를 들었느냐?"고 되묻고는"슈퍼는 좀 떨어져 있으니 좀 기다려봐라"고 하였습니다.

그리고 ○○○는 01:00경 다시 카운터에 내려와서는 신청인에게"아까 말한 남자 친구가 슈퍼에 간다고 하면서 내 돈을 훔쳐간 것 같다"고 다급하게 말하고 객실에 가서 잔 후, 아침에 종업원에게 파출소에 신고하겠다고 하고 나갔다는 것입니다.(신청인은 03:00경 교대를 하여 그 뒤 사정을 알 지 못함) 그 뒤 신청인은 이 일을 잊고 있었습니다.

3. 문제가 된 경위

그런데, 약 10일쯤 지나 ○○파출소에서 경찰관이 위 여관에서 도난사고가 있었는지 여부를 확인하러 와서, 함께 위 파출소에 가서, ○○○를 처음 보았고, 한참 후에 연락이 닿아 ○○○가 왔는데 당시와는 달리 짧은 머리를 하고 있어 미성년자처럼 보였던 것입니다.

당시 ○○○는 성인처럼 보이기 위하여 가발을 쓰고, 옷도 일부러 나이 들어 보이게 입었던 것입니다.

신청인은 ○○○를 보고 하도 황당하여 ○○○에게 주민등록증을 한번 보자고 하였으나, 경찰관이 신청인은 그런 자격이 없으니 그런 소리를 하지 말라고 하였던 사실도 있었던 것입니다.

즉 ○○○가 검거되자, 그 절취한 장소가 위 여관으로 밝혀져 결국 신청인은 위 ○○○와 ○○○를 혼숙하게 하였다는 혐의로 입건되어 본건 행정처분을 받게 된 것입니다.

4. 처분의 위법성

피신청인은 신청인의 행위를 공중위생관리법 제11조 제1항 및 동법 시행규칙 제19조 〈별표7〉에 따른 개별기준 사항 중 '숙박업'에 대하여 바-(5)에서 [청소년보호법상의 청소년인 남녀가 혼숙을 하거나 이를 하도록 내버려 둔 때]에 해당하는 것으로 보고 이 건 영업정지 처분을 내렸습니다.

그러나 신청인은 ○○○가 청소년보호법상에서 말하는 청소년인지를 몰랐고, ○○○이 같이 여관에 들어 간 것을 몰랐기 때문에 이들이 혼숙을 하거나, 하도록 내버려 둔 사실이 없고, 또한 이들이 혼숙을 한 사실도 없습니다.

가. ○○○가 여관에 들어 온 날 ○○○ 혼자서 왔다는 것은, 신청인은 물론 당시 같이 옆에서 지켜 본 부인도 알고 있고, 당시 ○○○의 모습이 청소년처럼 보이지 않았다는 것은 신청인과 배우자뿐만 아니라 신청인과 03:00에 교대 근무한 ○○○도 잘 알고 있는 것입니다.{○○○(처), ○○○(직원)의 진술서(갑 제2호증, 갑 제3호증) 각 참조}

○○○ 및 ○○○는 경찰조사 시 및 진술서에서 ○○○가 여관비를 신청인의 처인 ○○○에게 주었다고 하고 있으나, 신청인은 경찰조사 시 분명 ○○○가 여관에 들어 올 때 중고등학생이라고 생각 할 수 없을 만큼 조숙해 보였고, 남자 즉 ○○○는 여관에 들어갔는지 잘 보지 못했다고 진술하고 있는 것입니다.

사실 신청인이 ○○○를 기억하고 있는 것도 도둑을 맞았다는 등 ○○○를 찾는다고 몇 번 카운터에 왔기 때문이지, 평소에는 손님들을 유심히 관찰하거나 특별히 미성년자처럼 보이지 않으면 신경을 쓰지 않기 때문에 ○○○에 대하여는 전혀 기억이 없는 것입니다.

나. 그리고 신청인의 여관 건물 구조를 보면 1층은 주차장과 커피숍으로 사용되고 있으며, 2층으로 올라가면 카운터가 있는데 그 신청인은 키가 아주 작아서 사실 ○○○가 옆에 서 있으면 잘 보이지 않을 수 도 있어 신청인은 보지를 못했던 것이고 처인 ○○○에 의하면 돈을 낼 당시 웬 남자가 얼핏 위로 올라가는 것을 본 사실이 있다고 하였는데, 그 남자가 ○

○○가 아니었나 생각하는 것입니다.

신청인은 ○○○와 ○○○가 공히 ○○○가 여관비를 신청인의 처에게 주었다고 진술하는 것에 대하여 도무지 이해가 가지 않는 것입니다.

다. 위 사실에 의하면 신청인은 청소년이 혼숙하거나 하도록 내버려 두는 것에 대한 고의나 미필적 고의도 없었음이 분명합니다.

라. 혼숙한 사실이 없음 (박○○의 혼숙할 의사)

○○○은 처음부터 ○○○와 혼숙을 할 의사는 전혀 없었고 오로지 동녀의 재물을 절취하기 위한 수단으로 신청인의 여관을 이용한 것에 불과합니다.

즉 ○○○는 비가 오는 것을 핑계로 여관으로 들어가자고 ○○○를 유인한 후(이점에 대하여는 ○○○도 경찰조사 시 인정하고 있음), 먹을 것을 사 온다는 핑계로 돈을 갖고 도주를 한 것입니다.

따라서 ○○○는 혼숙의 의사가 처음부터 없었고, 그래서 여관에 들어가 채 10분도 안 있어 먼저 도망을 가버린 경우로(신청인은 들어 온 것을 모르듯, 뒷문 등 어디로 도망을 간 것인지 모름), 그들이 『혼숙』한 사실은 없고, 단지 같이 한방에 들어 간 사실(그것도 신청인 모르게)밖에 없어, 신청인 역시 그들이 혼숙하거나 하도록 내버려 둔 사실이 없는 것입니다.

마. 소 결어

사실관계가 위와 같음에도 불구하고 신청인이 이들을 혼숙 하거나 하도록 내버려 두었다고 하여 행정처분을 한 것은 위 근거 법령을 자의적으로 해석한 것으로 죄형법정주의에도 어긋난다 할 것입니다.

5. 정상(재량권 일탈 내지 남용)

가사 견해를 달리하시어 신청인의 주장(변소)을 취신하지 않으신다 하여도,

가. ○○○가 성년자인 것처럼 머리를 하고 옷을 입고 신청인을 기망하였고, ○○○ 역시 위 여관을 절도의 장소로 이용한 것일 뿐, 실제 이들이 혼숙

을 한 사실이 없어, 오히려 신청인이 이들에게 이용당하였다고 볼 수도 있는 점.

나. 또한 신청인은 이 여관을 임대차보증금 1억 8천만 원에 월 임대료 600만원을 주고 운영하고 있는데, 만약 신청인이 2개월 동안 영업을 하지 못하게 되는 경우 처와 현재 모두 대학생인 2남 1녀의 생계수단을 상실할 위기에 봉착하게 됨은 말할 것도 없고, 그 동안 영업을 하지 못함으로써 고객의 신뢰를 잃고 인근의 유사한 경쟁업소에 고객을 빼앗겨 막대한 영업 손실과 손해를 입게 되어 신청인으로서는 회복할 수 없는 손해를 입게 될 것이 너무나 확실한 점 등. 제반 정상에 비추어 보면, 신청인에 대한 2개월의 영업정지처분은 피신청인의 재량권을 일탈한 것이거나 남용한 것에 해당되어 취소되어야 할 것입니다.

6. 결론 (보전의 필요성)

신청인은 위와 같이 피신청인 행정청의 지나친 행정처분에 의하여 신청인이 2개월간 영업을 하지 못하게 되는 경우에 회복할 수 없는 직·간접적인 손해를 입게 된다고 할 것이지만, 본안 판결 시까지는 상당한 시일이 소요될 것이며, 그 때가서 이 사건 처분이 취소된다 하더라도 영업장폐쇄로 인하여 신청인에게 회복할 수 없는 막대한 손해가 발생할 것이 명백함으로 먼저 신청취지와 같은 결정을 구하고자 이건 신청을 제기하기에 이르렀습니다.

소명자료 및 첨부서류

1. 소 갑제1호증   행정처분명령서

1. 소 갑제2호증   사업자등록증

1. 소 갑제3호증   부동산임대차계약서

1. 소 갑제4호증   증인진술서

1. 소 갑제5호증   사실확인서

1. 소 갑제6호증   진술서

1. 소 갑제7호증   이 사건 업소의 구조사진

1. 소제기 증명원

○○○○ 년 ○○ 월 ○○ 일

위 신청인 : ○ ○ ○ (인)

광주지방법원 귀중

(15) 집행정지신청서 - 운전면허취소처분 취소 행정소송 구중알코올농도가 혈중알
코올농도와 큰 차이가 있어 음주량에 비해 부당하다며 행
정소송제기 판결 선고 시까지 운전면허취소 처분의 집행정
지 신청서 최신서식

집 행 정 지 신 청 서

신 청 인 : ○   ○   ○

피신청인 : 전 북 지 방 경 찰 청 장

첨부할 인지액	금	2,000 원
첨부한 인지액	금	2,000 원
납부한 송달료	금	22,000 원
비 고		

전주지방법원 귀중

집 행 정 지 신 청 서

1.신 청 인

성명	○ ○ ○	주민등록번호	생략
주소	전주시 ○○구 ○○로 ○○, ○○○-○○○호		
직업	상업	사무실 주 소	생략
전화	(휴대폰) 010 - 2345 - 0000		
기타사항	이 사건 신청인입니다.		

2.피신청인

성명	전북지방경찰청
주소	전북특별자치도 전주시 완산구 유연로 180.
대 표 자	청장 김철문
전화	063 - 112
기타사항	이 사건 피신청인입니다.

3.운전면허취소 처분 효력정지신청

신청취지

1. 피신청인이 ○○○○. ○○. ○○.에 신청인에 대하여 한 자동차운전면허(전북 1종 보통, 면허번호 : ○○○-○○○-○○호)취소처분의 효력은 전주지방법원 ○○○○구○○○○호 자동차운전면허취소처분취소 청구사건의 판결 선고 시 까지 효력을 정지한다.

라는 결정을 구합니다.

신청이유

1. 사건개요

   가, 신청인은 이건 당시 건축업체에 거푸집, 판넬 등 건축자재를 납품 및 대여해 주는"○○판넬"이라는 상호의 업체에 운전기사로 근무하면서 차량을 이용하여 위 건축자재 등을 공사현장과"○○판넬"간에 운반하는 일을 하고 있었습니다.

   나, 신청인은 이건 당일인 ○○○○. ○○. ○○. 오후 19:00시경 위와 같은 일을 마치고 신청인이 전에 근무했던"○○판넬"의 사장인 ○○○으로부터 지급받지 못한 급료를 받기 위해 평소 절친하게 지내는 신청 외 ○○○으로부터 동인 소유의 소나타 승용차를 빌려 동 차량을 운전하여 신청인의 친구인 ○○○과 함께 ○○소재 상호불상의 다방에서 ○○○을 만나게 되었습니다.

   다, ○○○은 신청인에게 지금은 돈이 없으니 후에 주겠다고 하였고, 미안하다며 저녁이나 먹고 가라고 하여 신청인 일행은 위 다방 근처에 있는 상호불상 음식점으로 들어가 식사를 하게 되었습니다.

○○○은 식사를 하던 중 반주로 소주나 한잔하자며 소주 한 병을 주문하여 신청인에게 권유하였고, 이에 신청인은 운전을 해야 하기 때문에 술을 마실 수 없다며 거절하였으나, ○○○이 재차 권유하여 신청인은 하는 수 없이 소주 두 잔을 받아 마시게 되었습니다.

식사를 끝낸 신청인 일행은 오후 10시 25분경 위 음식점에서 나왔는바, 신청인은 평소 주량이 소주 1병 반 정도인데 당시에는 식사에 곁들여 소주 2잔밖에 마시지 않았기 때문에 술기운을 전혀 느끼지 못하여 운전하는데 아무런 지장이 없을 것으로 생각되어 식당에서 나와 곧바로 이건 차량을 운전하여 친구인 ○○○을 집에까지 데려다 주기 위해 ○○○의 집 방향인 전주 완산로 방향으로 가던 도중 위 음식점에서 1,500미터 떨어진 부근에서 음주운전을 단속하던 경찰에 적발되어 동 일자로 자동차 운전면허가 취소되기에 이르렀습니다.

라. 당시 경찰이 음주측정감지기로 측정한 결과 신청인의 구중알콜농도는 면허취소 기준을 불과 0.01% 초과한 0.11%여서 피신청인은 도로교통법 제41조, 동법 제78조 및 동법 시행규칙 제53조를 근거로 신청인의 자동차운전면허취소처분을 하였으나, 적발 당시 신청인이 마신 술의 양은 소주 두 잔에 불과하여 신청인의 정신작용 및 신체활동에 영향을 미칠 정도는 아니었기 때문에 경찰의 음주측정 방법의 정확성에 의문을 갖지 않을 수 없으며,

더구나 경찰의 음주측정 방법은 구중알콜농도를 측정하는 것이지 혈중알콜농도를 측정하는 것이 아니어서 혈중알콜농도를 근거로 면허를 취소해야 함에도(도로교통법 시행규칙 제53조 제1항 별표16에는 혈중알콜농도를 기준으로 면허를 취소한다고 규정되어 있음) 구중알콜농도를 근거로 면허를 취소한 처분은 위법한 것이며,

설령 음주측정방법이 정확했다 하더라도 그것은 신청인이 술을 먹은 직후에 측정한 것이어서 신청인의 혈중알콜농도를 의미하는 것은 아닙니다.

따라서 신청인의 구중알콜농도가 0.11％였다는 사실만으로 신청인의 자동차운전면허를 취소한 처분은 도로교통법 제78조 및 동법 시행규칙 제53조 1항에 규정되어 있는 자동차운전면허취소 요건을 구비하지 못한 재량권의 범위를 일탈한 처분으로 위법한 것이므로 마땅히 취소되어야 합니다.

마, 도로교통법 제78조 본문은"지방경찰청장은 운전면허를 받은 사람이 다음 각 호의 1에 해당하는 때에는 내무부령이 정하는 기준에 의하여 운전면허를 취소하거나 1년의 범위 내에서 그 운전면허의 효력을 정지시킬 수 있다"라고 규정하고 동조 제11호는"이 법 및 이 법에 의하여 도로교통의 안전과 원활한 소통을 확보하기 위하여 행하는 명령이나 처분을 위반한 때"를 취소의 사유로 열거하고, 같은 법 41조 제1항은"운전면허를 받은 사람이라고 할지라도 술에 취한 상태에서는 자동차 등을 운전하여서는 아니 된다" 같은 조 그 제4항은"제1항의 규정에 의하여 운전이 금지되는 술에 취한 상태의 기준은 대통령령으로 정한다."라고 각 규정하고 있으며, 동법시행령 제31조는"법 제41조의 규정에 의한 술에 취한 상태의 기준은 혈중알콜농도가 0.05％ 이상으로 한다."라고 규정하고 있는 한편, 같은 법 제78조의 규정에 따라 마련된 동법 시행규칙 제53조 제1항의 별표16 운전면허행정처분기준 2. 취소처분개별기준 일련번호 2에서는"혈중알콜농도 0.1％ 이상인 경우를 술에 만취된 상태로 보고 그 상태에서 운전한 때에는 운전면허를 취소한다"고 규정하고 있으나,

위 운전면허행정처분 기준은 그 규정의 성질과 내용으로 보아 운전면허 취소처분 등에 관한 행정청내부의 사무처리 준칙에 불과하여 대외적인 구속력이 없다 할 것이므로 이 사건 처분의 적법 여부는 위 운전면허행정처분 기준에 적합한 것인가의 여부에 따라 판단할 것이 아니고 도로교통법의 규정 및 그 취지에 적합한 것인가의 여부에 따라 판단하여야 할 것입니다.

신청인은 초등학교중퇴의 학력이 고작이고 특별한 기술이 없어 건축현장

에 서 노동일을 하여 8순노부모를 봉양하며 생계를 유지해 오던 중 ○○
○○년경 작업도중 허리를 다쳐 그 때부터 허리에 부담이 되는 힘든 일
을 더 이상 할 수 없게 됨에 따라 가족들의 생계를 위해 다른 직업을 모
색하던 차 운전기사라는 직업이 많은 힘을 요하지도 않고 비교적 허리에
무리가 안 되는 일이라 판단하고 ○○○○년경 운전면허를 취득하여 판넬
대여업체에 운전기사로 취업하여 생계를 유지해 왔던 것입니다.

따라서 허리가 아파서 앉아서 하는 일에 종사할 수밖에 없고 가진 기술
이라고는 운전기술밖에 없는 신청인이 운전기사 직에 종사하면서 연로한
노부모를 봉양하는 등 생계를 유지하기 위해서는 자동차운전면허는 필수
적인 것입니다.

이와 같은 사정에 있는 신청인에게 자동차운전면허 취소는 유일한 생계
수단인 운전기사 직을 포기해야만 하는 중대한 불이익을 초래함에도 불
구하고 경미한 음주운전을 이유로 도로교통법상 가장 무거운 자동차운면
허취소 처분을 하는 것은 도로교통법에 의하여 달성하고자 하는 공익목
적의 실현이라는 면보다는 신청인이 입게 될 불이익이 너무 커서 이익교
량의 원칙에 위배되어 재량권을 일탈한 위법이 있다 할 것입니다.

신청인에게 음주상태에서 운전한 과실이 인정된다 하더라도 이건 음주는
경미한 것으로서 운전하는데 큰 지장을 주지 않았고 교통사고의 위험성
도 크지 않았으며 신청인은 이건 전 가벼운 접촉사고는 물론 교통법규를
위반하여 벌점을 부과 받은 사실이 단 한 차례도 없음에도 신청인의 자
동차운전면허를 취소한 처분은 국민의 자유와 권리의 제한은 공익상의
필요에 따라 법률에 근거를 둔 경우에만 할 수 있으며 제한하는 경우에
도 자유와 권리의 본질적 내용을 침해하지 않는 최소한도에 그쳐야 한다
는 헌법상의 법치국가의 원리 및 여기에 근거를 둔 행정법상의 과잉 조
치금지의 원칙에도 반하는 것으로 재량권의 권한을 남용한 위법이 있다
아니할 수 없으므로 당연히 취소되어야 할 것입니다.

2. 집행정지요건의 충족(행정소송법 제23조 제2항, 제3항)

신청인이 이건 처분으로 인하여 자동차운전면허가 취소되어 운전을 할 수 없게 되면, 신청인으로서는 유일한 생계유지 수단인 운전 직에 종사할 수 없게 되므로 회복할 수 없는 손해가 발생하게 됩니다.

또한 이건 처분의 효력을 정지한다 하더라도 공공복리를 해할 우려가 없습니다.

3. 결론

신청인은 현재 본건 처분에 대하여 그 취소를 구하는 행정소송을 제기 하였는바 위 본안판결이 선고되어 확정될 때까지는 향후 상당한 기간이 소요될 것인바, 그때까지 본건 처분의 집행이 정지되지 않아 신청인이 운전 직에 종사하지 못하게 될 경우에는 신청인은 당장 생계를 유지할 수 없는 등 회복할 수 없는 막대한 손해를 입게 되는 긴급한 사유가 있으므로 행정소송법 제23조에 의거 본건 처분의 집행효력을 임시로 정지시키기 위하여 이건 신청에 이른 것입니다.

소명자료 및 첨부서류

1. 소 갑제1호증   음주운전자 적발내용

1. 소 갑제2호증   자동차운전면허취소처분 통지서

1. 소 갑제3호증   재직증명서

○○○○ 년 ○○ 월 ○○ 일

위 신청인 : ○ ○ ○ (인)

전주지방법원 귀중

■ 편 저 대한법률콘텐츠연구회 ■

(연구회 발행도서)

· 형사사건 양형자료 반성문 작성방법
· 공소장 공소사실 의견서 작성방법
· 불기소처분 고등법원 재정신청서 작성방법
· 불 송치 결정 이의신청서 재수사요청
· 대출금·카드대금 소멸시효 안 갚아도 되는 방법
· 의사표시 내용증명서 작성방법
· 접근금지 가정폭력 고소방법
· 폭행·특수폭행죄 폭행고소 성립요건 고소방법
· 처음부터 끝까지 지급명령 신청방법·절차

노래방/단란주점/숙박업/청소년보호법 위반

영업정지 처분 취소 의견진술, 행정심판 행정소송 방법

2026년 04월 15일 인쇄
2026년 04월 20일 발행

편   저   대한법률콘텐츠연구회
발행인   김현호
발행처   법문북스
공급처   법률미디어

주소   서울 구로구 경인로 54길4(구로동 636-62)
전화   02)2636-2911~2, 팩스 02)2636-3012
홈페이지   www.lawb.co.kr

등록일자   1979년 8월 27일
등록번호   제5-22호

ISBN   979-11-94820-65-9 (13360)

정가   28,000원

❙ 역자와의 협약으로 인지는 생략합니다.
❙ 파본은 교환해 드립니다.
❙ 이 책의 내용을 무단으로 전재 또는 복제할 경우 저작권법 제136조에 의해 5년 이하의 징역 또는
  5,000만원 이하의 벌금에 처하거나 이를 병과할 수 있습니다.

이 도서의 국립중앙도서관 출판예정도서목록(CIP)은 서지정보유통지원시스템 홈페이지(http://seoji.nl.go.kr)와 국가
자료종합목록 구축시스템(http://kolis-net.nl.go.kr)에서 이용하실 수 있습니다.

홈페이지   www.lawb.co.kr
페이스북   www.facebook.com/bummun3011
인스타그램   www.instagram.com/bummun3011
네이버 블로그   blog.naver.com/bubmunk